Für Mutter

Inhalt

Wer nicht im Kopfe hat...Die kurze Geschichte von Erich und Schmal.

Seite

1. Bei der Zeitung

Pepo: Hallo Herr Schmal. Ich hab´ Herrn Kestner schon von Ihrem Vorschlag erzählt. Gehen Sie gerade durch.

Kestner: Hallo – nehmen Sie platz. Sie haben ja hervorragende Zeugnisse. Und Ihre ersten Artikel sind gut. Hier und da etwas langatmig. Nun – sagt mir Frau Pepo – Sie wollen einen Artikel über das Leben der Verbindungsstudenten hier in unserer Stadt schreiben. Aber sie wissen ja, Öffentlichkeit ist nicht ganz die Sache, die Korporationen schätzen.
Schmal: Aber...– ich habe da schon Kontakt geknüpft. Die Burschenschaft Ghibellinia wäre bereit...
Kestner: Moment, wir haben da einige. Ich schlage Ihnen vor – sie machen eine Serie – in denen Sie die Verbindungen vorstellen. Wir haben Semesterbeginn. Da lernen Sie auch neue Studenten kennen, die erst mal in so ein Haus hinein schnuppern wollen.
Schmal: Was bekomme ich denn dafür?
Kestner: Das Übliche– 10 Pfennig pro Zeile.

2. Auf dem Haus der Ghibellinen[1].

Schmal erzählt: Es ist 18.30 Uhr an einem
Samstag. Ich fahre mit dem Bus von Burbach
nach Saarbrücken-Scheidt Linie 135. Als ich
angekommen bin, am Schmittenberg 30, sehe
ich ein altes, schmutzig-gelb gestrichenes
Haus – mit einen schiefen Dach. Über der Tür
eine Rosenlaube. Die Türklingel mit
Bronzebeschlag. Ich schelle.
Claus: Kommen Sie herein. Wir haben heute
Abend Kneipe. Da können sie mitsingen – und
sich vorher mit mir - und später mit allen
anderen unterhalten. Wir nehmen heute auch
einen Fux auf. Haben Sie einen Fotoapparat
dabei. Denn Sie müssen wissen – ich kümmere
mich hier um die Öffentlichkeitsarbeit – und
Vorweg: Wir heißen *Burschenschaft
Ghibellinia zu Prag in Saarbrücken* – und sind
Burschenschafter – keine Burschenschaftler –
nur, damit sie uns und mich nicht blamieren.
Schmal tritt näher durch den Laubengang, in
dem am Ende der Heilige Nepumuk steht.
Claus: Der Heilige Nepumuk ist Schutzpatron
unserer Verbindung und der Verbindung der

1 Die folgende Schilderung entspricht nicht dem
tatsächlichen zeitlichen Verlauf der Geschehnissen,
sondern ist facettiert und dehnt bzw. verkürzt die
Ereignisse relativ.

Franken hier in Saarbrücken. Da gibt es noch die Saarbrücker Burschenschaft Germania, die katholische Studentenverbindung der Arnulfen, den ASV Ostpreußen und noch so ein paar andere christliche Verbindungen.

In der Eingangshalle der Verbindung steht eine alte, braune Ledercouch und ein weißer Marmortisch. Gegenüber ein Kamin und an den Wänden das Couleur einiger anderer Verbindungen. Im Kneipsaal stehen Tische, die in einen U-förmigen Tafel gestellt sind. Am Kopf der Tafel die Chargenplätze – drei Stühle – einer, der in der Mitte, - mit erhöhtem Rücken – auf dem der Zirkel der Verbindung geschnitzt ist.

Schmal: Was ist das für ein „gekritzel" auf dem Stuhl?

Claus: Das ist das Zeichen unserer Verbindung!

Auf den Tischen stehen rote Kerzen auf der weißen Tischdecke. Auf dem Chargentisch, liegt ein „Holzbrett" mit einem Schläger darauf. An jedem der rund 20 Plätze befindet sich ein rotes Gesangbuch. An den Wänden im Kneipsaal hängen etwa 200 Fotos – zum Teil aus Zeiten vor dem 1. Weltkrieg.

Claus: Das sind unsere Bundesbrüder. Die meisten sind schon tot – aber wir haben heute fast 200 Alte Herren, Philister, Burschen, Füxe – aktive und inaktive.

Schmal: Nun – das sind für mich böhmische Dörfer. Was heißt denn hier „Fux" zu sein.

Claus: Nun – wenn ein Student in den ersten Semester auf unser Haus kommt, kann er eintreten, wenn er von gutem Ruf, nicht allzu einfältig ist – und fechten möchte. Dann wird er „Fux" - nach einem Aufnahmeprozess. Er wird befragt – und die aktiven Burschen entscheiden, ob er zu uns passt. Dann bleibt er 2 bis 4 Semester, manchmal länger, in diesem Status – und darf 2-Partien fechten. Der „Fux" wird von einem Fux-Major ausgebildet, ein älterer Bursche oder von einem Alten Herren – der ihn in die Sitten der Verbindung einführt. Nach 2 Jahren kommt die Burschenprüfung. Bis hierhin muss er so einiges lernen, wie die Lieder, die anderen Verbindungen in Bund kennen,... bei uns ist das der Ostdeutsche Bund und die Burschenschaftliche Gemeinschaft, auch die Farben der örtlichen Korporationen – und natürlich muss er sein Studium vorangetrieben haben. Wichtig ist uns auch sein politischen Engagement. Er soll sich kritisch mit dem Zeitgeschehen auseinander setzen können und wollen!

Es klingelt. Vor der Tür stehen einige junge und alte Männer – manche mit Narben im Gesicht. Claus öffnet die Tür und führt auch die Damen herein. Norbert, gekleidet in einem Diner-Anzug, nimmt die Jacken und Mäntel ab. Alle sind in Couleur. Sie tragen eine weiße Mütze und ein schwarz-rot-goldenes Band auf weißem Grund. Die Damen haben eine Schleife über der linken Brust.

Claus: Das ist Herr Schmal – er will die Kneipe mitfeiern und die Rezeption von Hein miterleben. Ist Hein schon da?

Hein: Ja, hier – aber ihr wisst, ich habe gerade mein Examen gemacht – und Frau und Kind. Außerdem habe ich ab November einen Job in Kassel. Zudem muss ich mehrfach im Jahr zur Wehrübung.

Paul: Das ist in Ordnung. Wir kennen dort in der Nähe einige Verbindungen der DB – bei denen du dich vielleicht einpauken kannst.

Schmal: DB?

Toni, der Fechtwart: Das ist der Dachverband der Deutschen Burschenschaft. Da sind wir alle zusammengeschlossen. Einmal in Jahr gibt cs den Burschentag – und da werden Beschlüsse gefasst – und es wird eine Kommerz gefeiert – das was wir heute machen – nur in groß.

Hansi, der Fuxmajor: Nun kommt mal alle rein. Es ist schon nach 20:00 Uhr – wir wollen und c.t. Anfangen – und Emil, du schleppst fürs Officium. Danach kann Alf weitermachen. Ist das Fass angeschlossen?

Georg, der Bierwart: Ja – 50l – aber das hab´ ich gestern gemacht, hoffentlich ich noch was drin.
Emil singt, ….steht ein volles Fass daneben....

Allen nehmen platz auf den kargen Holzstühlen, Manfred am Klavier. Paul, der Altherrnvorsitzende ruft: Aufstehen – zum Einzug der Chargierten. Hansi hat ein Tönnchen mit einem Fuxschwanz auf dem Kopf. Die anderen, der Schriftwart – oder XX – und Toni, der Fechtwart oder XXX tragen ein Barett – mit einer weißen Feder. Die Chargierten marschieren mit ihren Lederstiefeln und in weißen Hosen im Gleichschritt zu ihren Plätzen, am Kopf der Tafel. Emil hat jedem Burschen und Alten Herren ein Bier hingestellt. Hansi, der Fuxmajor und Sprecher, der X – haut mit dem Schläger, dem geraden „Säbel" - dreimal laut auf das „Brett".

9

Hansi: Selentium. Ich darf alle Conkneipkanten begrüßen. Besonderen Gruß gilt dem Senior des hochwohllöblichen *Corps Franconia Prag*. Ich begrüße besonders die Damen und die Alten Herren, die den weiten Weg nach Saarbrücken wieder nicht gescheut haben. Es ist heute auch die Presse anwesend. Ich darf euch in diesem Zusammenhang- wie hören es gleich nochmal – an euer Ehrenwort erinnern – und wir haben heute Rezeptionskneipe. Doch nun zum ersten Cantus des heutigen Abend: „Vom Barette schwankt die Feder...“

Mir wird bei dem Gesang ganz anders. Zudem war mir nicht bekannt, dass Damen bei einer Rezeption anwesend sein dürfen. Dies scheint doch von Verbindung zu Verbindung sehr unterschiedlich zu sein. Der saloppe Umgang mit dem Comment, flüstert mir der Franke – ist wohl Ihrer Anwesenheit geschuldet. Zum Einen ist nicht alles Officium – und zum Anderen heute äußerst liberal gehandhabt. Man will sich hier nicht in die „Karten“ schauen lassen.

„Silentium“ – fährt Hansi dazwischen. Es folgen die Sprecher – und dann Damenrede des heutigen Abends.

Die Reden sind eher schwülstig – doch eines

schrieb ich mir auf, weil ich es beim ersten Kontakt mit Norbert an der Uni schon selbst gesagt hatte, war ich überrascht: *Konservativ ist der Erhalt des einmal für gut und richtig erkannten. In diesem Sinn sind wir konservativ.* Die Damenrede war formell – und voller Lob´auf das zu ehrende andere Geschlecht. Ich fragte Erhardt, den Alten Herrn links neben mir: Nehmen sie auch Frauen auf?

Erhardt: Damen sind der Glanz einer jeden Burschenschaft. Sie sind durch ihre Heirat oder Partnerschaft mit dem Burschen sozusagen außerordentlichen Mitglied. Schmal: Aber ich habe gehört das Corps und auch christliche Verbindungen Damen als ordentliche, stimmberechtigte Mitglieder aufnehmen? Hansi: Silentium!: Zum 2. Cantus des heutigen Abends: Oh – alte Burchenherrlichkeit...nach dem Lied, Erhardt: Das werden wir früher oder später auch machen müssen, denn uns fehlt der gute Nachwuchs.

Hansi: Silentium!: Wir schreiten zur Rezeption unseres künftigen Bundesbruders und dann Fuxes Hein. Hein Komm nach vorne! *Es wird ein dreiarmiger Kerzenleuchter auf dem Chargentisch entzündet.*

Hansi: Lieber Hein – lege Deine Hand auf das Buch hier – Und spreche mir nach.....

Schmal weiter: Für mich war nicht zu erkennen, was das für ein Buch war – aber ich nehme an oder hoffte die Bibel. Der Franke neben mir flüsterte: Ja – es ist eine Bibel, ein wichtiges Buch eben. Aber ganz unbeleckt bist du ja nicht.

Wohl konnte ich es nicht verbergen, dass mir weder Rezeption noch Schwur völlig unbekannt waren. Schließlich war es nicht das erste Verbindungshaus, was ich besuchte – und zudem kannte ich einiges aus Erzählungen von Corpsbrüdern. Doch erschien mir die Prozedur hier weniger feierlich und etwas aufgesetzt. Und Hein schien etwas gedrängt – als Hansi sagte: Das erklärst du bei Deinem Ehrenwort,... *(So etwas hatte ich noch nicht erlebt).* Hein sagte: Ja.

Hansi: „Dann darf ich Dir jetzt auch das bundesbrüderliche **DU** anbieten" - und ich führe Dich durch die Reihen, damit du Dir jeden Bundesbruder persönlich kennen lernst.

Erhardt: Hein ist nun zum Schweigen verpflichtet. Keine inneren Angelegenheiten, d.h. die Beschlüsse der Convente – dürfen

nach außen dringen und über innere
Angelegenheiten muss er stillschweigen
bewahren, auch wer hier alles Mitglied ist.
Diese Bemerkung scheint mir als der Beweis,
dass der Abend heute eher ein Schauspiel,
denn eine ordentliche Rezeption gewesen ist,
auch wenn mir Hansi versicherte, dass dies im
Prinzip immer so abläuft – und Hein – als
Oberleutnant der Bundeswehr, hat das Format
zum Burschen – auch ohne Fuxenzeit, sagt
Hansi. Nach der Vorstellung führt Hansi Hein
wieder an seinen Platz – ganz am Ende der
Tafel – mir gegenüber – und geht zu seinem
Chargenstuhl zurück.
Hansi: Lasst uns das Officium beenden mit
dem Lied der Deutschen, zur ersten Strophe:....
Stimmgewaltig intonieren 20 Männerkehlen
„Deutschland, Deutschland über alles,....und
die Damen singen mit. Peinlich berührt von
soviel Taktlosigkeit, denn es waren
Korporierte einer tschechischen und
polnischen Verbindung anwesend, drehte ich
mich irritiert zu Erhardt: „Das gehört zum
Officium," sagt Erhard.
Nicht das mir die Tradition zuwider wäre, aber
mir erschien der Inbrunst als Chauvinismus,
erklärte ich Erhardt – und ich entschloss mich
– diese unpassenden Vorfall nicht in meinen

Artikel zu erwähnen. Es klingelte.

Hansi: Officium ex: Kolloquium

Schmal: Herr Hans – der Fotograf ist da.

Können wir ein paar Bilder machen?

Paul: Ja aber nicht von der Kneipe.

Ludger: Wir gehen auf den Paukboden.

Ludger, Hansi und Schmal – sowie der Fotograf verlassen das Haus und gehen durch einen kleinen Park in einen Anbau. Hansi: Hier wohnt der Hausmeister!

Ludger schließt die Tür des Hausmeisteranbaus auf. Dort hängen aufgereiht etwa zehn Schläger und einige Schutzwesten. Der Fotograf sagt: Könntet ihr das Paukzeug anlegen?

Hansi: Ja – aber nur mit Helm.

Ludger und Hansi „pellen" sich ein. Mit dem Helm ist nichts von ihrem Gesicht zu erkennen. Vor den Augen ein Gitter. Sie stellen sich gegenüber und schlagen sich abwechselnd auf die Helme. Der Fotograf macht ein paar Bilder.

3. Beim Barras, ein Jahr früher, Rekrut Erich erzählt:

Oberleutnant Schimmer: Kommen sie mal ran Erich. Sie sind ein wahrer Sonderling. Sie verstehen sich mit den Kameraden gut. Aber ihr Draht zu den Vorgesetzten lässt zu wünschen übrig. Feldwebel Müller hat sich beschwert. Sie gäben immer Widerworte – und wüssten alles besser in der Sozial- und Staatsbürgerkunde. Und was sollte die Bemerkung – man könnte auch ohne Gewehr dem Vaterland dienen?
Erich: Ich denke, dass...Schimmer: Sehen Sie, daran liegt es, dass sollten sie hier nicht. Ich hab´- eine Anforderung vom Brigadestab. Können Sie fotografieren? Der Presseoffizier wechselt die Dienststelle – und wir suchen jemanden, der nach einer Einweisung seine Arbeit weitermacht. Sie haben ja Abitur.
Erich: Allgemeine Hochschulreife, Herr Oberleutnant.
Schimmer: Tun sie nicht so klug. Morgen gehen Sie zu Major Altberg. Der wird Sie mal unter die Lupe nehmen. Aber vorher müssen sie zum Kompaniechef Kraus – und von da zum Batallionskommandeur – die wollen erst mal sehen, wen sie da abkommandieren. Wir

müssen dann auf sie verzichten. Ich betrete das Gebäude des Brigadestabs. An der Wand ein großes Bild von Graf Gneisenau – preußischer Reformer. Nach der Grundausbildung in den dunklen Mannschaftsunterkünften kommt mir der fünf- Meter hohe Eingangsbereich des Brigadebaus vor wie ein Tempel. Nur der Weihrauch schmeckt hier nach Schwarzpulver. Da ich weiß, dass der Major einen zackigen Auftritt mag, habe ich den Kampfanzug an – und die Knobelbecher glänzen. Ich klopfe. Altberg: Herein.Erich: Rekrut Erich Schmelz, melde mich wie befohlen. - Ich grüße und schlage deutlich wahrnehmbar die Hacken zusammen.

Altberg: Kommen sie rein – und bleiben Sie stehen.

Altberg ist mit Personalakten beschäftigt. Er lässt mich einige Minuten stehen – dann hebt er den Kopf – und sagt: Sie sind in der 5/342 rekrutiert. Das ist schon etwas ungewöhnlich, denn die Einheit ist eine Mörser-Kompanie und die 342 ein Grenadierbataillon. Abiturienten sind da seltener – und wenn, dann als...ach wissen sie, wenn ich mir die Kommentare in ihrer Akte ansehe? Wir könnten Sie als Pressesoldat gebrauchen. Können Sie dass?

Erich: Ja, Herr Major.

Diese Antwort war zugegebene Maßen etwas forsch, denn ich hatte weder Erfahrung im Verfassen von Presseartikeln und im Erstellen von Pressefotografien.

Altberg: Ich kenne Ihre Qualifikationen. Tragen sie nicht auf. Aber sie können hier etwas lernen, wenn sie genug Engagement zeigen. Die Ausstattung ist hier und im Korpsstab. Dort ist der Leiter der Presse- und Öffentlichkeitsarbeit Oberstleutnant und LdP Meier - und alle Einrichtungen die dazu gehören. Ein Fotolabor und eine Redaktion. Mit dieser Abteilung arbeiten sie künftig zusammen. Morgen gehen sie dorthin. Abtreten.

Ich schlug die Hacken zusammen: Melde mich ab, Herr Major.

Mir war etwas mulmig, denn ich bin wirklich vorgeprescht – aber ich dachte an Blücher – und der hatte damit Erfolg gehabt. Und lernen wollte ich auch was – zudem wollte ich später Werbung studieren – und Öffentlichkeitsarbeit für die Bundeswehr könnte da wohl nicht schaden.

17

Kompaniechef Schneider: So – dass war die Befehlsausgabe für den 3. Dezember 1987. Sie Erich, bleiben auf der Stube – und warten. In der Tat wartete ich eine halbe Stunde. Dann flog die Tür auf. Der Zugführer rief: Achtung! Ich sprang auf. Herein kam Oberstabsfeldwebel Moser und Kompaniefeldwebel Streif mit Hauptgefreitem Schnüller.
Moser: Der ist ja im Kampfanzug. Wie heißt der? Erich Schmelz? Das passt! Ziehen Sie sich um: Kleiner Diener. Schnüller Sie bleiben hier – und fahren Schmelz gleich zum Korpsstab. Um 10:00 vor der Natopause – soll Erich bei Meier sein. Ich tat so und Schnüller fuhr mich.

An der Pforte des Korpsstabes eine Schleuse.
Schnüller: Ich darf mich jetzt von Dir verabschieden. Viel Glück und Erfolg.
Wache: Bleiben sie ruhig stehen. Gut – geben Sie mir Ihren Truppenausweis. Gut. Hier der Besucherausweis. Sie bekommen keinen anderen – und geben diesen beim Verlassen des Gebäudes wieder ab. Sie gehen die Treppe

hoch, durch die Glastüre, rechts – und dann die dritte Türe links. Da gehen sie zu Moser. Der Oberstabsfeldwebel wird Sie instruieren. Ich tat so. Klopfte an Moser Türe – die hinter der Redaktion lag, der Redaktionssoldat Ralow schaute mich groß an und deutete auf die Tür. Ich grüße – und sagte: Rekrut Schmelz – wie befohlen...Moser unterbrach mich: Setzen Sie sich.

Moser: Ich zeige Ihnen mal Ihre Schulterklappen Herr Rekrut. Bei uns läuft dass alles etwas anders als in der Truppe und in der Grundausbildung. Wollen Sie einen Kaffee? Ralow – holen Sie mal ein Wasser und einen Kaffee – für den Armen. Also, wenn sie gleich zum Meier gehen, ..dann...folg die Tür auf – und ich schnellte hoch und salutierte. Meier strecke mir die Hand hin und sagte – guten Tag Erich. Kommen Sie gleich mal mit – ich nehme auch ´nen Kaffe Moser. Meier hatte das Gespräch unterbrochen.

Meier: Erich – wir brauchen hier in den nächsten Monaten etwas Unterstützung. Richtig schreiben lernen Sie bei mir. Sie werden der Redaktion zuarbeiten – Augen und Ohren offenhalten – und Fotos machen. Hier haben Sie schon mal einen Film – den können Sie entwickeln, nicht wahr? Rechts aus der Tür den Gang runter ist das Fotolabor. In eine halbe Stunde will ich die Bilder sehen. Betrachten Sie dass schon mal als Test. Den Kaffee können sie auch danach trinken – wir machen um 10:00 eine kleine Pause, dann stelle ich Sie den anderen vor.

Erschrocken nehme ich den Film – und gehe ins Labor. Dort ist alles, was man braucht – vor allem ein Entwicklungsplan an der Wand. Fotopapier, Entwicklungsdose, Entwickler, Fixierwanne und – bad, Projektor. Ich lese mir die Anweisung nochmal durch und mache das Licht aus. Im dunkeln muss ich den Film auf die Rolle drehen, in die Dose stecken, zudrehen und Enwickler beigeben. Dann mache ich das Licht wieder an. Nach ein paar Minuten für den 400 ASA-Film gebe ich Fixierer dazu. Es klopft. Hallo ich bin der Fotograf des Korps. Ich zeige Dir das nochmal – vor allem mit den Abzügen – da braucht man schon etwas Erfahrung und der Meier ist etwas pinselig. Das hier ist abwedeln – die Fotos sind von mir – gut nicht wahr? Das musst du ab morgen dann alles alleine machen. Erstmal für die Brigade. Wie wir hier schreiben zeigt Dir Ralow. Den hat Meier schon mal Kaffeestückchen holen geschickt, für die Natopause.

4. Zwei Jahre früher – Erich **auf der Schule.**

Sahra: Erich – ich muss Dir was sagen.

Erich: Was ist denn mein Schatz? Ich habe gleich die Matheklausur – und sollte doch mindestens mal reinschauen, was wir gemacht haben – bitte schnell.

Sahra: Ins Ohr!

Schmal: Mach´s nicht so spannend.

Sahra: Ich bin schwanger.

Erich dreht sich um – und lächelnd – dann sagt ´er: Von wem?

Sahra: Quatschkopf – von Dir. Komm´ bitte heute Abend zu uns nach Hause. Meine Mutter will mit Dir reden.

Erich: Ist die auch schwanger?

Sahra: Nimm das bitte ernst, ich bin wirklich schwanger von Dir. Erichs Blick wird ernst.

Erich: Oh, bist du sicher – ich dachte das wäre einer von deinen blöden Witzen.

Sahra: Blöde Witze machst du.

Erich: Ach – du bist erst 17 Jahre – aber lass uns heute Abend darüber reden.

Erich sitzt in der Klausur – und ist nicht bei der Sache. Immer geht es Ihm durch den Kopf. „Jetzt werd´ ich Vater. Gut, ich bin volljährig, aber was macht die Kleine – und was will die

Alte von mir? Gut - nächstes Jahr ist
Abiprüfung. Wenn sie jetzt schwanger ist,
läuft sie mit ´nem dicken Bauch über
Schulhof. Ich glaub´, dass will die nicht. Also
müsste sie ein Jahr aussetzten. Das geht! -
Dann mach´ ich ´ne Ausbildung. Und meine
Mutter hilf uns sicher. Eigentlich ist das o.k.

Abends bei Sahra zu Hause öffnet ihm Anne,
die Mutter von Sahra, die Tür: Komm rein du
Schwein. Setz´ dich. Ist Dir eigentlich klar,
dass du meiner Tochter das Abi versaust.
Erich: Aber -... ?
Sahra: Halt den Mund. Meine Mutter hat da
Erfahrung und einen Ausweg.
Anne: Da – trink´mal den Schnaps. Singt:
Seeman, lass das Träumen, ….
Erich: Ne´ - das kommt mir vor, als hätten Sie
beide schon alles ausgemacht.
Sahras: Ich will kein Kind – und schon gar
nicht von dir.
Erich: Da hab´ich aber was mitzureden.
Anne: Ja – meinst du? Sahra will das Kind
nicht. Sie will die Schule fertig machen. Und
du kannst gar nicht abschätzen, was das heißt
– ein Kind zu erziehen. Ich hab´vier Gören
großgezogen.
Erich: Bestimmt?

Sahra: Pass bloß auf!

Anne: Das mit euch beiden ist pubertäres rumgevög´le. Und du bist vollkommen verantwortungslos. Schon mal was von Kondomen gehört?

Erich: Zum Sex gehören zwei – und die Pille. Kann ich dafür, wenn sie nach einen Jahr noch immer zu doof oder feige ist, in die Apotheke zu gehen.

Anne: Weiß du eigentlich was ein Präservativ ist? Mein Mann ist Kapitän auf eine großen Schiff. Das Schiff gehört uns. Wir haben vier Häuser. Mir ist klar was du willst.

Erich: Quatsch!

Sahra: Mein Papa hat ein Patent. Hast du eines? Du bist zu jung. Zeig mir erst dein Patent – und was du kannst. Kannst du Geld verdienen?

Anne: Der kann ja was?

Erich: Schon klar – sie sind ein wenig scheingläubig – Patent zeigen – Nein. Geld verdienen – ja – für uns beide. Für das Kind gehe ich Steine klopfen, wenn es sein muss.

Anne: Eben - ich will dir helfen, Erich. Wir fahren morgen nach Belgien. Da kenn´ ich einen Arzt. Der hat mir auch schon ein paar mal geholfen. Das geht schnell – und ist gar nicht schlimm.

Erich: Wie bitte, ein paar mal? Sahra, ich komm mit – und was soll das heißen? Wir gehen zu Pro-Familia. Die helfen uns wirklich.

Sahra: Nix da! Alles raus, was keine Miete zahlt.

Erich: Sahra – ich baue auf dich. Alles was du meinst, trage ich mit, wenn du das Kind willst. Und auch wenn nicht, wir bleiben zusammen. Das hat psychische Auswirkungen.

Anne: Ja – auch auf Dich. Da kannst du dir sicher sein!

Sahra: Ja – das ist schön wenn Du mir hilfst, Erich. Komm ruhig mit.

Anne: Wir fahren Morgen um acht Uhr von hier aus. (Geht aus dem Zimmer und telefoniert)

Erich: Gut – ich rufe zuhause an – und bleibe hier.

Sahra: Wie war die Matheklausur?

Erich: Kannst du dir denken – oder nicht?

Sahra: Nein!

Off: Der ist gut zu gebrauchen!

Anne: Um elf ist der Termin, um 12 habe ich beim Chinesen nebenan einen Tisch reserviert.

Erich: Keinen Saumagen?

Sahra: Schnautze!

...nach dem Abort.

Es schwimmt ein Goldfisch im Glas – und der

Kellner bringt das Odeuvre. Es wird gegessen – alle schweigen. Der Koch1 – ein mittelgroßer, blonder, dicklicher Mann sagt auf deutsch: Wie der?

Sahra: Was macht ihr jetzt?

Koch1: Panne!

Sahra: Pfanne

Koch1: Großes „P" - und kleine anne.

Sahra weint!

5. An der Universität des Saarlandes –
Lesesaal der Juristen:

Schmal: Hallo Hansi, was machst du denn
hier. Ich dachte du studierst
Betriebswirtschaft?
Hansi: Ja, klar. Aber Finanzgesetze und das
Handelsgesetzbuch gibt es hier öfter. Bei den
BWLern ist immer alles mit Beschlag belegt.
Zudem gibt es auch die Steuergesetze hier
ausführlich und mehrfach. Weist du, ich will
nach Ufo Bankbetriebslehre und Steuern
machen. Da gibt es dann später gute
Berufsmöglichkeiten bei Banken und
Versicherungen – auch im Investment.
Schmal: Ufo?
Hansi: Ja – Unternehmensforschung. Das
braucht man zur
Unternehmenswertbestimmung. Du hast ja
auch BWL-Einführung gehört. Der Dozent
macht auch Unternehmensbewertungen. Da
kann man sehen, was man für Firmen – und
Firmenteile bezahlen muss, wenn man sie
kauft.
Schmal: Willst du eine Firma kaufen?
Hansi: Quatsch. Aber Wenn du bei einem
Konzern angestellt wirst, musst du wissen, wie
produktiv die einzelnen

Unternehmensbereiche sind. Ob man Teile verkauft – oder dazu kauft. Die Konzerne sind breit aufgestellt. Und zudem lässt sich mit Liquidierungen Geld verdienen.
Schmal: Und zu welchem Konzern gehst du?

Hansi: Weiß nicht. Kommt auf das Angebot an. Erst mal muss ich ein Prädikatsexamen machen.
Schmal: Und das gelingt dir?
Hansi: Weiß nicht. Ich hab das Vordiplom gut in der Tasche. In zwei Jahren weiß ich mehr. Aber die Wartezeit bei den Seminaren nervt. Da kann man anderes machen.

Schmal: Praktika?
Hansi lacht: Nein – saufen – und raufen, ich meine fechten. Jede Partie bringt Dich weiter. Übrigens hat ein Fux nächste Woche seine Partie. Willst du kommen – als Gast? Aber bitte keine Fotos.
Schmal: Ja – wann denn?
Hansi: Freitagabend – und danach gehen wir einen trinken, zu den Thüringern aufs Haus.
Schmal: Gut – gerne.

Hansi: Dann treffe ich dich um 18:00 Uhr bei uns – und wir fahren zu den Cymbern. Die haben den größten Paukboden – da finden die meisten Partien statt. Dann kannst du noch ein paar Bundes- und Waffenbrüder kennen lernen. Der Fux ist Emil. Auch Toni ficht seine dritte Partie gegen einen Thüringer. Aber häng ´ das nicht an die große Glocken. Quatsch – ich meine – schreib´darüber nicht zu viel. Es ist schon genug in der Öffentlichkeit. Normalerweise … still da kommt jemand –

Bibliothekaufsicht: Ich hab´ Ihnen schon gesagt, dass Ruhe zu herrschen hat. Verstehen Sie!
Hansi: Nur die Ruhe – das ist unser Spähfux.
Schmal: Was?

Auf dem Haus de Cymbern:

Vom Haus der Landsmanschaft Cymbria Königsberg ist Erich etwas beeindruckt. Das Haus ist Nahe dem Winterberg in Saarbrücken. *Vis á Vis* eine Erste-Hilfe-Station. Das Haus ist ein Patriziergebäude aus der Jahrundertwende, etwa. Die Räume sind leicht vier Meter hoch. An den Wänden hängen mehr Bilderrahmen, als bei den Ghibellinen – aber ohne Fotos:

Hansi: Bilder brauchen wir nicht – wir kennen und erkennen uns.

Schmal: Woran?

Hansi: An den Farben!

Schmal: Ach was – woran noch?

Hansi: Am Comment!

Schmal: Was ist das?

Hansi: Das gute Betragen.

Schmal: Wie im Knigge?

Hansi: Ja, Ja. Aber was bist du für einer? Wo kommst du her?

Schmal: Vom Rhein – aus der Nähe von Köln: - die Eifel!

Hansi: Eine rheinische Frohnatur also!

Schmal: Ich bin Preusse,...Mein Vater lebte im Ermland. Meine Mutter ist in Köln geboren.

Hansi: Was? Und was treibt dich an die Saar?

Schmal: Ja – die Liebe. Sahra hat hie am Dolmetscher-Institut ein Russisch-Studium begonnen – und Englisch. Und da ich Werbung studieren wollte, blieb mir kaum eine andere Wahl – als Saarbrücken. Abgesehen davon ist die Stadt ja ganz nett. Viele Studentenkneipen – und hübsche Mädels.

Hansi: Wer ist Sahra – Frau oder Mann?

Schmal: Mädchen – keine Italiener – sieht aber südländisch aus. Oder meist du, ob ich schwul bin?Hansi: Bist du nicht?

Schmal: Nein – du?

In diesem Moment betritt Emil den Paukboden. Er ist eingepellt, hat einen Wamst an und eine dicke Metallbrille vor den Augen, wodurch, erklärt Hansi, er kaum was sehen kann. Um den Hals trägt er einen Schutz, an den Händen Handschuhe. Der Schläger hat die Farben der Verbindung, - schwarz-rot-gold – auf weiß, und ist leichter als die Paukschläger – aber Rasiermesser scharf und spitz – dafür aber etwas verbogen und rostig. Gegenüber wird der Confux hereingeführt. Hansi: „ Unser Bundesbruder Emil, der B! Ghibellinia ficht heute seine erste Partie gegen....Auf zum Ehrengang...

6. Weihnachten 1986 – Erich steht in der Spülküche des Steigenberger Hotels Bad Neuenahr

Oberkellner Conti: Geht das nicht schneller?
Erich: Ich tu´ was ich kann.

Conti: Nun – sie sind Abiturient. Eigentlich machen Sie Ihre Sache ja gut. Aber als Page können Sie hier mehr lernen. Sie können sich im ganzen Haus bewegen. Und wenn Sie mit der Schule fertig sind: Hotelfachmann ist ein guter Beruf. Kommen Sie mal mit.

Im Büro der Direktion:

Beumler, stellvertretenden Direktor: Erich, wir brauchen Sie nicht nur in der Küche, als Stuart – sondern – ihr Vater hat sie hier als Page annonciert. Sie können hier reinschnuppern – und an den verschiedenen Stationen in der Küche, aber auch in der Wäscherei – sie kennen die Wäschekammer unten im Keller, arbeiten. Wenn sie sich geschickt anstellen, dürfen sie im Service dem Commis zuarbeiten – und später selbst an die Tische und bedienen. Sie verstehen – Umgangsformen, Reinlichkeit, Kenntnisse über Wein bis zu Mehrgangmenüs

– und wie sie zubereitet und serviert werden.
Auch in der Patisserie können sie was lernen.
Aber wenn wir sie in der Spülküche brauchen,
werden sie auch dort wieder eingesetzt. Das
können sie bis zum Abi´ machen. Und wenn
Sie gefallen haben – können wir nochmals
über einen Ausbildungsvertrag reden – aber
eine Garantie ist das jetzt nicht.
Erich: Ich wollte eigentlich zuerst zur
Bundeswehr – und dann studieren.
Beumler: Nun – ich sagte ja – schauen sie sich
um. Gastronomie ist kein leichter Job –
eigentlich gar kein Job. Wenn sie hier nicht
mit Leib und Seele bei der Sache sind, wird
das nichts. Bisher sind sie engagiert. Sie
kommen morgen – es ist ja
Weihnachtsgeschäft – um 5.30 Uhr in Haus –
und bereiten das Frühstück mit dem Service
vor. Danach gehen Sie in die Küche – Salat
putzen, und dann haben sie Kaffeeservice.
Danach ist Zuarbeit für Restaurant an der
Tagesordnung – bis 22:00 Uhr ist die Küche
offen. Danach räumen sie das Restaurant auf –
und gehen anschließend rüber ins Kurhaus –
da ist noch ein Bankett. Gehen Sie jetzt mal
zum Buffettier, der gibt ihnen Essenbons. Und
dann wieder in die Topfspüle, da sieht es aus
wie... – wenn kein Koch gearbeitet hätte.

Erich: Wie bitte?

Beumler: Zügig – gerne!

Meine Güte, denkt sich Erich, das ist ein Programm. Wenn das hier jeden Tag so läuft, rutsch ich bald auf dem Zahnfleisch. Aber 10 Mark die Stunde sind auch nicht schlecht. Das wären vier Stunden Frühstück, drei Stunden Mittag, vier Stunden Kaffee, vier Stunden Restaurant und noch drei Stunden Bankett, 180 Mark am Wochenende plus Trinkgeld – und das in den Ferien, an jedem Tag 80 Mark – da kann ich mir was fürs Studium sparen.

Conti: Na – was meint Beumler. Gutes Angebot – nicht wahr?

Erich: Ja?

Conti: Da ist draußen ein Tisch, da sitzen Leute, die sie kennen. Die kommen immer Weihnachten, mit der ganzen Familie und machen ein dicke Rechnung. Hier den Teller soll ich Ihnen geben.

Erich schaut auf den Teller. Da liegt ein kleine Zettel drauf – auf dem steht: Liebe Grüße Sahra.

In Erich romort es, er denkt: Das gibt's doch nicht. Die sitzen hier und laben sich an einem Acht-Gänge Menue und ich Doof stehe hier in der Spüle und wische ihre Teller.

Conti: Was schauen sie so – keine Zimmernummer – nicht mal das Telefon. Hier ziehen sie sich mal die Kellnerjacke über.

Am Pass – der Durchreiche zum Service steht Martina, Auszubildende im dritten Lehrjahr.

Martina: Na du Schabe – halt mir mal den Teller.

Erich: Au! (Er lässt den Teller fallen)

Koch: Depp da. Der muss erst mal hierhin – und heiße Sachen anfassen, bevor ihr den auf die Leute loslassen könnt. So mein Freund. Jacke aus – und nun holst du die Teller hier einzeln und ohne Handschuhe aus dem Rechaud – und stellst sie einzeln auf den Pass, damit ich sie garnieren kann. Das Restaurant ist voll – dass sind 200 Leute mal 3 bis acht Teller – kapiert. Zuerst die kleinen dann die Mittleren und zum Schluss die Großen. Und wenn du einen Teller fallen lässt – sind das fünf Mark, für ein Glas drei Mark – und für ein Timbal eine Mark. Klar?

Erich: 10 minus 5 minus 3 minus 1 macht 1.

Erich stellt die Teller hin. Und schaut hoch. An der Wand hängen eine Menge Bons – mit Zahlen und Gerichten. Ihm läuft der Schweiß über die Stirn.

Koch: Wenn du die Teller betropfst, dann kannst du sie gleich wieder in die Spüle bringen.

Martina ruft: Bon neu. Tisch 27 – fünf mal Menue vier – alle acht Gänge – und zügig, das ist der Kurdirektor mit Familie.

So geht das drei Stunden lang, immer wieder Bon für Bon,...

Als die meisten Essen raus sind, sagt der Koch: Erich – geh´ jetzt mal in die Spülküche, Aische ist da alleine überfordert.

Die Kellner schmeißen die Teller auf die Anrichte. Aische nimmt Messer und Gabel – und wirft die Essensreste in den Schweineeimer. Ali – der Steward, poliert derweil die Gläser. Ich nehme die Teller und stelle sie in das Band der Spülmaschine. Die Teller sind kochend heiß – wenn sie aus der Maschine kommen. Es ist 23.30 Uhr. Die große Ansturm durch das schmutzige Geschirr ist vorbei.

Koch: Hier der Steward zeigt dir gerade, wie der Hochdruckreiniger funktioniert. Den Boden aber erst kehren, sonst verstopft der Abfluss. Und wenn du das hast, hilfst du Aische weiter beim Topf spülen.Erich: Ich soll aber rüber zum Bankett.

Koch: Das hat Zeit. Es ist früh genug, wenn du zum abräumen da bist.

Innerlich ist Erich „am fluchen“: So ´ne
Scheiße. Was hat sich der Alte dabei gedacht.
6-Schichten zu Weihnachten. Dabei ist Papa
schon seit einem halben Jahr tot. Wann hat er
das mit denen hier ausgeklüngelt.
Hotelfachmann? Ich glaub´ ich bin eher arm
dran, als Page. Verdammt, und dann soll ich
das in den Ferien sechs Wochen am Stück
machen. Gratuliere!

Martina: Erich – hier ist der Zimmerschlüssel.
Du solltest nach dem Bankett nicht nach
Hause.Um 5.30 Uhr ist Frühstück – da legst du
Dich besser mal hier ´ne Stunde hin. Zimmer
217.

Als Erich um vier Uhr früh ins das Zimmer
kommt liegt Martina nackt im Bett – aber
schläft nicht

Martina: – Morgen – Erich, komm mal her,...

7. Am Hof **im Seinsheim** – auf dem Betrieb.

Erich ist 14 Jahre alt. Er sitzt zu Hause – auf dem elterlichen, landwirtschaftlichen Betrieb am Frühstückstisch. Mit dabei sind die Eleven – drei junge Männer und zwei Mädchen, gerade mit der Schule fertig. Vater sitzt am Kopf der Tafel. Mutter ist in der Küche und bereitet noch den Kaffee. Bruder Friederich und Schwester Maria sitzen neben dem Vater. Erich dem Vater gegenüber.
Vater: Liebe Leute, so geht das nicht. Wir haben Erntezeit. Wenn ihr frühstücken kommt, sollte alles andere vorbereitet sein. Die Wagen für das Korn und um die Strohballen aufzuladen. Die Schlepper aufgetankt – und die Schweine, Kühe und Pferde versorgt. Wenn ich um 4.30 Uhr die Kühe melke, will ich euch alle bei mir im Melkstand sehen. Dann sag´ich euch, was gemacht werden muss.
Ulrich: Die Schweine habe ich bereits gefüttert.
Vater: Ja – danach hättest du aber auch duschen können.
Peter: Ich habe auch die Pferde gefüttert.
Vater: Ist ja gut – es geht hier nicht um euch Jungs, sondern um die Mädels, die heute hier

einsteigen. Ihr solltet euch an die Jungs halten
– und an Friederich, den Junior, denn der weiß
was gemacht werden muss. Er ist volljährig –
und hat hier auch die Weisungsbefugnis –
nach mir. Also Karina und Veronika – das Heu
ist nicht zum schlafen da, auch wenn´s duftet.
Und Fritz zeigt euch jetzt, was ihr noch im
Stall tuen müsst. Silage rauswerfen, Kühe
füttern, ausmisten, ...u.s.w. Hast du gehört
Fritz? Du nimmst mir die zwei unter Deine
Fittiche. Ich fahre jetzt schwaden. Nach dem
Mittag, die Sonne steht schon am Himmel,
kann Fritz die Ballen pressen. Dann fährt
Erich, Ulrich und Mark nach – und die laden
die Ballen auf. Ich bin dann auf den Hof. Um
18:00 ist Brotzeit – und danach wird
abgeladen. Erich: Papa heute ist Sonntag. Ich
muss gleich messdienen.
Vater: Klar. Du geht's gleich in die Kirche –
und betest für uns alle.
Gelächter! Vater: Ruhe! Das ist mir ganz
ernst.
*Es kommen Mutter und die
Hauswirtschaftshilfe, Monika in das
Esszimmer.*
Mutter: Na – habt Ihr alles verplant. Jetzt
stärkt euch erst mal. Moni – geht's du noch
den Schinken aus der Speisekammer holen –

und schneidest ihn auf. Für jeden eine Scheibe.
Maria – du kannst dann nachher mit Erich in
die Messe. Aber trödelt nicht rum. Mittagessen
ist pünktlich um zwölf Uhr. Dann seid Ihr
beide nach der Messe zeitig wieder hier.
Maria: Ich wollte noch die Rechnungen
prüfen. Da kam gestern ein ganzer Schwung
von der RWZ (Rheinische Waren Zentrale).
Vater: Ja – die Milchabrechnung für den
letzten Monat ist auch gekommen. Stell´ das
mal gegenüber Maria. Ende der Woche will
der Metzger zwölf Schweine holen. Das sind
die letzten beiden Ställe im Gang rechts. Ich
hab sie schon markiert. Kalkuliere das mal
Maria, ob wir mit den Futterpreisen in diesem
Monat hinkommen.
Friederich: Das ist doch alles ein
Zuschußbetrieb, viel Maloche und wenig Brot.

*In der Kirche, es richt nach Weihrauch – und
der Organist spielt schon Mendelson.*
In der Basilika, der Küster: Komm Erich – du
bist aber zeitig. Geh´schon mal hoch. Gerhard
dient heute mit dir. Isidor kommt auch und
Franz. Wir tragen heute das weiße, einfache
Kleid.
Erich: Meine Güte, dass ist so warm. Ich glaub
´ ich zieh das Hemd drunter aus.

Erich zieht sich um und setzt sich auf den Stuhl in der Sakristei. Da komm Pater Melchior.

Melchior: Komm mal mit rein. Sag´mal – wie ist das mit eurer Ernte in diesem Jahr. Wird´s gut?

Erich: Ja – wir sind mitten drin. Ende des Monats müssten wir alles eingefahren haben.

Melchior. Und wie geht es Deinem Vater und Fritz?

Joahn: Fritz mach das 2. Lehrjahr woanders. Papa hat viel zu tuen. Er macht immer noch das meiste an Arbeit selbst – und kann kaum noch richtig laufen. Er nimmt Schmerzmittel.

Melchior: Das meine ich. Wir sollten langsam mal überlegen, ob die Arbeit nicht jemand anderes machen kann. Und Kommst du mit der Schule zurecht?

Erich: Geht so einigermaßen. Melchior: Eben. Du willst ja Abitur machen. Darum solltet ihr alle mehr von der Welt sehen. Wir werden mit Deinem Vater reden. Ich habe da einen Interessenten für den Hof. Erich: Ich glaub ´nicht das Papa weg will.

Melchior: Lass mich das mal machen. Dein Vater ist über 50 Jahre und Agrar-Ingenieur. Das Rumbauern hier ist nichts mehr für Ihn. Fritz ist nächstes Jahr dann wohl auch weg und

Maria ist sowieso nur am Wochenende hier.
Erich: Ja sie macht ihr Oxford-Degree. Aber
was ist mit meinen Pferden. Melchior: Reiten
kannst du auch woanders. Ihr solltet in die
Welt hinaus – und was erleben - insbesondere
du kleiner Prinz. Du musst was lernen – über
das Leben.
Erich: Wie? Melchior: Wenn ihr euch nicht
umorientiert, wird's ganz schwer. Mit dem
Bauernhof ist kaum noch was zu verdienen.
Ihr ackert euch müde und müsst noch Pacht für
zusätzliches Land bezahlen. Wir soll das rund
gehen. Dein Vater sollte sich was gönnen. Er
macht das über 30Jahre – und ist körperlich –
nach den Unfällen, schwer angeschlagen.
Erich: Ja – das stimmt. Nach den Sturz von der
Tenne tut ihm jeder Schritt weh – und er atmet
schwer, weil seine Lunge seit dem Angriff von
dem Stier nur noch zur Hälfe funktioniert.
Melchior: Eben – ich werde mit ihm reden. Er
kann noch vieles machen mit 50 Jahren, was
weniger anstrengend ist. Es bleibt auf jeden
Fall immer euer Zuhause hier. Willst du? *Die
Welt ist Diaspora.*
Erich: Aber meinst du Papa will? Melchior
schaut weg – und ist etwas überrascht, ob der
Antwort.
Vater kommt aus der Nische In der Sakrestei

in Arbeitskleidung und mit Stiefeln:
Verstanden – Benjamin? Ich bin
einverstanden. Melchior: Ihr müsst auch weg –
die Putte pfeift ich den Güldenen herbei – und
miteinender spielen die anderen Zwei: Vater:
Hut – und Gut, Poet und geht!
Erich. Was heißt Poet. Melchior. Dichten.
Erich. Wenn´s tropft? Melchior: Das es
wohlklingt, wie – als ob man singt, also wenn
es tropft, und das Herzchen Dir klopft...
Erich: Ist es Liebe? Melchior: Oder es sind
Triebe, Poetik – Großes PO und kleine
ETHIK

*Erich zusammen mit seinen Schulkameraden
in Seinsheim – auf dem Soldatenfriedhof :*

Erich: Acht, neun zehn – ich komme. Was ist
denn mit euch – ihr habt euch ja gar nicht
versteckt?
Gerhard: Ich habe keine Lust. Aber was ist
denn mit dir, mit euch?
Bernhard: Ja – Martin hat erzählt Ihr wollt
weg.
Martin: Ja – Melchior hat mir gesagt, dass ihr
den Hof hier nicht mehr bewirtschaften wollt.
Michael: „No milk today, John ist gone
away....

Gerhard: Komm sei ruhig. Stimmt das?

Erich: Ja – nach Weihnachten wollen wir fortziehen – ins Ahrtal. Papa hat da eine Anstellung als Verwalter eines Ferienparks. Das ist nicht so schwer.

Gerhard: Und was macht ihr mit den ganzen Tieren – und den Maschinen.

Erich: Wir haben schon einen Nachfolger. Der Übernimmt den Betrieb. Aber die Pferde will er nicht. Die werden wir wohl dem Züchter aus Bonn verkaufen.

Martin: Ihr seid doof. Ihr könnt doch hier bleiben. Im Kloster sind viele Zimmer frei. Das Schloss ist weiter unbewohnt und Deine Tante Elisabeth hat Gästezimmer in der Wirtschaft. Außerdem kannst du doch das Kolleg besuchen – und hier bleiben – auch wenn die Alten weggehen.

Erich: Das Schloss ist unbewohnt. Vater sagte... Nein – wir wollen zusammen bleiben. Es ist nur etwas schwer für die Lehrlinge, die jetzt eine neue Stelle brauchen.

Da kommt Friederich: Na die Bande, was spielt ihr?

Martin: Verstecken.

Friederich: Die Nonnen haben bei uns angerufen. Ihr sollt nicht immer auf den Friedhof über die Gräber turnen. Wer von euch hat den das Loch in den Zaun vom Nonnengarten gemacht.

Michael: Das war von uns keiner. Der ist durchgerostet.

Friederich: Kann ja sein, aber der Garten der Nonnen ist ganz tabu, dass wisst Ihr wohl. Ich mach´ das Loch jetzt wieder zu. Und wenn ihr nochmal da rein geht, dann gibt's ´ne Extrabeichte bei Schwerter Oberin. Ihr wisst – bei der dürft ihr nicht nur beten: Dann müsst ihr Unkraut jäten. Schwester Oberin hat euch aber eingeladen, heute Abend nach der Messe mal auf Kaffee und Kuchen vorbei zu kommen. Da sind ein paar nette Novizinnen – eine kann Gitarre spielen und Schwester Oberin hat ein paar nette Geschichten auf Lager. Erich, was hast denn du da hinter dem Rücken versteckt. Zeig mal her....Ich glaub´s nicht. Ein Soldantenkoppel. Friederich nimmt den Koppel an sich und fragt: Weist du überhaupt was das ist?

Erich: Ja ´ne Gürtelschnalle.

Friederich: Du bist auch ´ne Gürtelschnalle. Lics mal was da drin steht.

Erich: „Blut und Ehre"! Habt ihr das ausgebuddelt. Ich warn´ euch. Das ist nicht nur Pietätlos, sondern auch strafbar.

Erich: Nein – da bin ich drauf getreten und hab mir den Fuß verknackst.

Friederich: Siehst du. Geht heute Abend mal zu den Nonnen.

Im Kloster Maria Heimstatt in Seinsheim:

Schwester Margarite: Kommt rein. Ihr könnt euch alle ein Stück Kuchen nehmen. Und Franziska spielt euch was vor. Bernhard zu Erich -: Jetzt Kommt´s!

Franziska spielt die Melodie: Weist du wo die Blumen sind...? (alle singen die Lieder mit).

Margarite: So – nun zum ernsteren Teil des Abends. Ihr geht gerne auf den Friedhof. Wart ihr schon mal in der Morgendämmerung da? Wenn ihr genau aufpasst, dann seht ihr in den Nebelschaden,....

Friederich: Komm, hör schon auf.

Margarite: Nein – sie sollen das wissen. Also – die Nebelschwaden. Der Wind bläst sie zusammen und auseinander – zu Figuren. Das Mondlicht schimmert durch die Gestalten hindurch.

Franziska: Ja – und ich hab´gestern Morgen einen Raigen gesehen. Das sah aus, als wenn

zwölf Jungfrauen sich an den Händen fassten –
und und im Kreis tanzten. Dann kam ein
grüner Blitz vom Himmel. Er fuhr durch die
Gestalten hindurch und bildete einen Kegel
Richtung Himmel. Der grüne Strahl der
Morgensonne flackerte über den Gräbern wie
Flammen. Kaltblau stand der Mond noch
gegenüber. Und als die Sonne aufging, färbte
sich der Himmel rosarot. Dann strahlte die
Sonne hellweiß auf das Gedenkkreuz. Der
Sandstein reflektierte golden.

Erich: Ist klar – der Morgentanz der Elfen mit
den Seelen der Soldaten – unter dem Antlitz
Gottes, man muß nur was Phantasie haben,
dann siehst Du in Wurzeln Gesichter. Nun, das
mit den Lichtern... dass hat mir Melchior auch
schon beschrieben. Aber: Wer es glaubt wird
selig. Ich weiß ja, dass ihr nicht wollt, das wir
dort spielen. Ihr macht uns nur Angst

Friederich: Wer glaubt wird selig! Wart nur
ab! Wer nicht glaubt....

Franziska spielt „Greensleave" - auf der
Gitarre im Musikraum der Klausur. Alle sitzen
auf dem Boden. In der Mitte ein Kreis aus
zwölf Kerzen. Langsam scheinen die Flammen

zum Takt der Musik zu tanzen. Sie bewegen sich in die Mitte und verschmelzen zu einem Großen Licht.

Margarite: Und eines schönen Tages, werdet ihr sie spüren,... die Wärme der Liebe.

Erich: Mir ist auch schon ganz heiß.

Margarite: Ihr könnt jetzt gehen. Aber vergesst nicht was ihr gehört und gesehen habt. Draußen ist es dunkel. (So schnell ist Erich noch nicht nach Hausen gelaufen. Er legt sich ins Bett und weint.)

8. Nach dem Umzug **in die Feriensiedlung**.
Vater und Erich sitzen im Kaminzimmer.

Vater: Schau mal Junge. Da steht die Dorfjugend an der Bank – und hat ´nen Kasten Bier dabei.
Erich: Ich gehe mal hin. ….Hi Ihr?
Marion, eine wasserstoffblonde Eifelschönheit mit verrauchter Stimme: Na du – Kerl. Machst wohl Bodybilding. Und sonst siehst du aus wie ein Neger – nimmst du Selbstbräuner?

Erich: Nee – aber ich werde schnell braun. Ich liege hier gerne in der Sonne, in der Ecke hinter dem Haus. Da hat mein Vater die Wände mit weißer Farbe gestrichen. Das Sonnenlicht reflektiert da intensiv.

Marion: Klar – das meinte ich aber anders. du bist ja fast 1,90 cm hoch. Du weist ja – wer auf großem Fuße lebt?

Erich: Schuhgröße 47.

Josef genannt Jupp: Lass mal – der ist doof.

Marion: Wo kommt ihr denn her. Ich hab gesehen – auf dem Nummernschild steht EU.

Erich: Ja – aus dem Kreis Euskirchen.

Marion: Auch wenn es hier noch keine Weinberge gibt – wir gehören hier zum Kreis Ahrweiler – AW wie Arme Winzer.

Jupp: Oder so ähnlich.
Erich: Wir kommen eigentlich aus dem Altkreis Schleiden – vor der Eingemeindung war das Ortskennzeichen SLE – wie „sauluderiger Eeler" (lacht), in der Nähe von Vogelsang.
Jupp: Ja – das größte Luder im Dorf haste gerade kennen gelernt.

Marion: Wir sind heute Abend um Acht bei Rudi. Der verkauft ´nen Stubbi für 50 Pfennig. Komm´ mal da hin. Da sind dann auch die anderen: Tadjana, Gabi, Emila und ein paar Jungs.
Jupp: Ja – ein paar Jungs. Das sind Franz, ich und der versoffene Heini – der heißt Heinrich.

Marion: Mit dem musst du mithalten. Das ist der Chef im Jungesellenverein hier. Der trinkt einen Kasten Stubbies in der Stunde alleine – und nach jedem Bier ´nen Kurzen. Also bis dann. Ich will jetzt nach Hause – und sagt noch meinem Schwesterchen Bescheid. Die ist 14 Jahre und heißt Uschi – eine ganz eine liebe.

Erich.: Kann ich meinen Bruder Fritz auch mitbringen – der ist aber schon Mitte zwanzig.

Marion: Ich hoffe das hast du auch drauf.

Erich: Wie?

Jupp: Wie alt bist du.

Erich: 17 Jahre.

Marion: 17 – ja das reicht gerade so.

Erich: Für was?

Jupp: Zum trinken – Doofkopp!

Um 20:00 Uhr pünktlich kommen Fritz und Erich zu einen alten verfallenen Fachwerkbauerhof. Vor der Türe steht eine alte Kastanie. Unter drunter sitzt ein ungepflegter alter Mann, dem die Schneidezähne fehlen.

Rudi: Kuckt nicht so dumm. Ich hatte keinen Flaschenöffner. Die Zähne halten eben nicht so viel aus. Ihr seid Fritz und Erich. Tadjana hat mir Bescheid gesagt, dass ihr kommt. Geht rein und holt euch was zu trinken. Die Kronenkorken nicht wegwerfen, die brauchen wir dann zur Abrechnung.

Links in der Küche. Hier steht ein alter

Kachelofen und es stinkt erbärmlich nach Bier.
Eine alte Frau rührt im Topf – in dem
Weißkohl schwimmt. Sie heißt Elvira: Hier
steht der Kasten. Und nehmt Rudi hier die
Flasche Korn mit. Beide gehen raus und setzen
sich auf die Bank unter der Kastanie. „Da
kommen sie" - ruft eine Stimme aus der Krone
des Baumes. Es ist Tadjana. Man hört
Stimmengewirr aus Entfernung.

Rudi: Neue Hähne auf dem Mist. Das oben ist
Tadjana, die weiß bald wer Du bist!
Fritz schaut hoch: Oh – Bikini und Minirock.

Tadjana ist eine dunkle, etwa 1,70 m große,
vollbusige, rassige, gelockte Teeniebraut – die
offensichtlich nicht mit ihren Reizen geizt. Sie
klettert von Baum herunter.
Tadjana: Hi – ihr zwei. Rutscht mal ein
bisschen. Das ist mein Auskuck. Von hier
kann ich auch die ganze Feriensiedlung
beobachten. Du bist nahtlos braun, sagt
Tadjana zu Erich. Ich bin nicht so, sagt sie,
komm mal mit in die Küche. Erich folgt ihr in
die Küche.
Tadjana: Elvira bleib´ ruhig - Ich soll hier was
schecken. Auf Entfernung sieht man nicht so
gut.

Sie zieht den Bikini runter und greift Erich in den Schritt...

Tajana: ...´ne Hand voll – Eier oder Schwanz. Zieh mal die Hose runter und setz Dich, sonst mach ich das. Feigling. Was? Nun mach!

Erich ganz verdutzt, macht das.

Tadjana: O.K. - jetzt halt still.

Nach fünf Minuten kommen Tadjana und Erich wieder. Fritz sitzt auf der Bank und knutscht mit Marion. Daneben sitzt Elvira, eine wahre Walküre, blond und vollbusig, über 1,80 Meter groß., auch due kleine Uschi.

Marion: Und?

Tajana: Richtig geraten. Lass´ uns noch einen trinken – und dann gehen wir zum See.

Erich: Baden?

Marion: Ja textilfrei und so.

Tadjana: Komm Jupp, hol´ mal den Bulli – und dann fahren wir zum See.

Jupp: Ihr seid doch alle schon blau.

Marion: Eben – und wir holen noch ´ne Flasche Schnaps und fünf Kästen Bier von Rudi mit.

Tadjana: Los – zusammenlegen.

Nach eine halben Stunde weiteren Saufens, unanständigen Witzen und Entblößungen kommt Jupp mit dem Bulli.

Marion: Einladen...und aufsitzen – Jupp gib Gas.

Es dauert nur fünf Minuten, da sind wir an der Ahr. Am Fuß eines Felsen hat sich der Fluß gestaut.

Tadjana: – und jetzt ausladen und die Klamotten runter. Sie zieht sich aus und springt in Wasser. Alle anderen – auch Erich und Fritz – leicht benebelt – machen es ihr nach – bis auf Jupp, der den Grill aufbaut und die Gitrarre auspackt. Er fängt an zu singen: „Down by the River...". Tadjana taucht und Fritz schreit: Aua – nicht so feste, das sind Weichteile.

Erich schwimmt zu Fritz und sagt: Weiß du, was die eben gemacht hat.

Fritz: Ja – kleiner – die hat Dich entjungfert. Hab´ dich nicht so. Hast dir wohl als erstes eine romantische Liebe mit ´ner Jungfrau versprochen.

Erich: Ja - Mensch – nee, aber die ist doch noch jünger als ich. Wo ist Uschi?

Fritz: Kannst ja nach Hause gehen und Dich
bei Papa beschweren.
Erich: Ist das nicht verboten, mit 14?
Fritz: Quatsch – die ist über 14 und hat es doch
bei Dir gemacht.
Erich: Ja aber – ich war da gar nicht
vorbereitet. Uschi ist noch keine 14, glaub ich
– und bestimmt noch Jungfrau.
Fritz: Glaubst Du?

Tadjana: Was quatscht ihr so spießig. 1. Wollt
ich wissen. Ob der Kleine einen hoch kriegt –
und dann wie hoch. Außerdem ist das gesund
– für beide. Und wenn ihr jetzt mit zu Jupp
kommt, kann es gleich weiter gehen – oder,
Johny, kannst du nicht mehr? Unschi –
Jungfau? Nee – die ist Steinbock, eigentlich
eher Ziege.
Erich denkt: Doch, doch, Jungfrau!

Sie gehen alle ans Ufer, auf die Decken, zum
picknicken ...und sie schnäbeln und säbeln
miteinander, stundenlang – und der Mond
scheint hell vom Himmel, auf des Erich's
Nase, der sich Mühe gibt, wie ein erwachsener
Mann zu sein.

9. Am nächsten Morgen in der Realschule, *Deutschunterricht – Rückgabe der Abschlussarbeit:*

Frau Oster: Also, die Abschlussarbeit ist besonders gut ausgefallen. Keine vier dabei. Aber Erich du? Hier hast du deine Arbeit wieder – lies vor!

Erich geht nach vorne, holt sich das Heft: Da steht ja keine Note drunter?

Oster: Die schreib´ ich gleich drunter. Ich will erst mal hören, ob du das, was du geschrieben hast, auch so meinst – und überhaupt verstehst.

Erich geht zurück zu seinem Platz. Er schlägt das schwarze, linierte Heft an der Stelle mit dem rosa Löschblatt auf. Und beginnt zu lesen: „Die Europäische Einigung ist nach der Katastrophe des 2. Weltkrieges für Frankreich, aber insbesondere auch für Deutschland und alle seine direkten Nachbarstaaten ein sinnvoller, friedensstiftender und notwendiger Prozess, der noch Jahre, oder Jahrzehnte in Anspruch nehmen wird. ...Das Ziel muss die oder eine Art *Vereinigte Staaten von Europa* sein, damit die Völker Europas in der Welt Gewicht und Stimme behalten. Eine Rückkehr in den Nationalstaat des 19. Jahrhunderts wäre für Europa das Aus.

Oster: Eben – was meinst du damit – „das Aus."

Erich: Ja – na eben, weil die Nationalstaaten mit ihren imperialistischen Ansprüchen gegeneinander – und auch Deutschland im 1. und 2. Weltkrieg, soviel Unheil über die Menschen gebracht haben, viele Tote, verwüstete Landstriche, wie in Verdun,... braucht es eine neue Idee.

-Pause-

Oster: Oder eine alte!

Erich: Der Nationalismus hat beinahe alle Kultur zerstört.

Oster: Kultur? Erich: Ich meine Gewalt und Totschlag lies für die feinen Künste, für entwickelte Sprache und Musik kaum noch Platz. Es wurde alles heroisiert und anderes als entartet gekennzeichnet. Oster: Aha! Nun – Geschichte kannst du ja. Du willst ja auch aufs Gymnasium. Willst du dann auch studieren?

Erich: Ja – Deutsch,wenn´s geht - oder was mit Sprachen und Geschichte oder Politik.

Oster: Schau mal in Dein Heft. Fällt Dir was auf?

Erich: Ja – wie gesagt, die Note fehlt.

Oster: Dafür ist aber genug rot angestrichen. Du machst viele Rechtschreibefehler – und abgesehen davon ließt du, als wärest du betrunken. Trotzdem – inhaltlich hätte ich Dir ja ein sehr gut gegeben – aber wegen der Fehler – und weil du auch heute wieder schlecht liest bekommst du nur ein Gut. Oster geht langsam zu dem Jungen – und beugt sich von hinten über ihn. Sie legt ihre linke Brust wie unabsichtlich auf seine Schulter und schreibt mit roter Tinte: Noch Gut.

Oster: Nun – wir beide wissen, dass Deine sonstigen Leistungen besser sind. Ihr seid ja alle schon halb erwachsen und ihr müsst nach der Mittleren Reife in eine Lehre oder beim Abitur eure Frau oder euren Mann stehen. Erich, du bekommst auf dem Abschlusszeugnis von mir eine Zwei. Seid´ ihr alle damit einverstanden.

Jürgen: Na – ja, dass Löckchen – der ist doch auch in Geschie der Klassenstreber. Jeder bekommt was er verdient, und zwei mal zwei ist vier.

Oster: Ja – Jürgen. Deine Vorleistungen in Deutsch sind gut und Deine Abschlussarbeit spitze. Inhaltlich schwächer als Erich, aber dafür fehlerlos und ansonsten astrein. Darum hier und auf den Zeugnis ein „sehr gut".

-Gemurmel-

Oster: Still jetzt! Wir gehen die Noten durch

und reden darüber. Ich bin offen, wenn sich eine zu schlecht bewertet fühlt. Nach einiger Zeit und Diskussion –

Oster: Nun, dann sind wir ja jetzt fast alle zufrieden. Es klingelt zur Pause.

Oster: Erich – wir müssen noch miteinander sprechen, bleib´ mal in der Pause hier, bei mir.

Erich: (in seinen nicht vorhandenen Bart: Oh – nee!): Gerne Frau Lehrerin, wie lange wird es den dauern, (leise: diesmal), ich will noch in die Pause, wegen der Schulmilch.

Im Paradies, der Feriensiedlung – Erich ist gerade nach Hause gekommen, wirft die Schultasche in die Ecke – und ist stinksauer:

Erich: Die Oster geht mir auf die Eier.

Vater: Na, keine Kraftausdrücke - du Rumtreiber. Post von der neuen Schule. Du bist angenommen.

Erich: Wirklich? Vater: Ja – leider. Meiner Meinung nach solltest du was ordentliches lernen. Du weist, Handwerk...

Erich: Ja klar – wie du. 50 Jahre harte Arbeit, kaputte Knochen und kaum Rente.

Vater: Erzähl´ keinen Quatsch. Wenn du eine Ausbildung hast, kannst du immer noch studieren. Dann eben nach dem Abitur – verstanden? Zudem – die neue Schule ist zu weit weg. Da kannst du nicht jeden Tag mit Deinem Krad hinfahren. Das ist zu gefährlich – und fahren werd´ ich Dich ganz bestimmt nicht. Mit dem Zug bist 4 Stunden unterwegs. Morgens um halb sechs los – und du weißt, am Gym gibt's Nachmittagsunterricht. Da bis du vor sieben nicht wieder hier. Wir ziehen also um. Erich: Nicht schon wieder. Ich hab´mich hier erst gerade eingelebt.

Vater: Doch - ich hab´ schon eben telefonsich gekündigt – und da ich mit alle dem gerechnet habe´, waren wir in Ackersheim ein Häuschen ansehen. Da sind drei Zimmer – und eines für Dich im Souterain. Oma kommt mit. Erich: Die Zahnlose?

Vater: Sei nicht so respektlos. Das hier geht nicht so weiter. Mit den Jungesellen bist du jedes Wochenende auf Tour – und säufst bist zu Bewusstlosigkeit – und dann bist du auch in der Woche die ganze Zeit „auf Jück". Das machen Mama und ich nicht mit. Ackersheim ist ein kleines Örtchen in der Eifel – da kannst du mit dem Bus fahren und bis in 10 Minuten da.

Erich geht raus zu Bank, auf der Marion wartet und erzählt ihr: In vier Wochen sind wir wieder weg. Mein Papa hat ein Häuschen in Ackersheim gemietet. Da kann ich dann büffeln.

Marion: Egal – dann kommt ein neuer.... Und einen Jugesellenverein gibt es da – und Mädels auch. Erich: Ja – ich will´s ja eigentlich auch, aber es war schön hier. Kommt ihr mich besuchen?

Marion: Ja – mit dem ganzen Verein – wenn nicht zu weit ist und einen See gibt?

Mama: Junge komm schnell, Vater hat eine ganz roten Kopf und atmet schwer. Er liegt in der Laube. Erich geht zur Laube und greift Vater unter den Arm. Was ist los?

Vater: Das Herz. Erich: Ich ruf den Arzt.

Es dauert eine viertel Stunde da sind die Sanitäter und der Notarzt da. Sie setzen Vater eine Sauerstoffmaske auf und geben ihm eine Spritze.

Arzt: Deinen Papa müssen wird mitnehmen. Verdacht auf Hinterwandinfarkt.

Mutter schaut etwas irritiert: – ich komme mit und packe erst noch ein paar Sachen.

Arzt: Wenn das stimmt, müssen wir sofort ins OP – Sie können die Sachen auch später bringen.

Am Abend packen Mutter und Erich Vaters Kleidung und fahren ins Krankenhaus. Vater liegt auf der Intensivstation und ist an die Herz-Lungen-Maschine angeschlossen.

Arzt: Das tut mir leid. Mutter entsetzt: Was?
Arzt: Wir sind zu spät. Das waren mehrere
Lugeninfarkte zusätzlich. Ihr Mann hat eine
schwerer Embolie und einige Thromben in
Körper. Wir können nichts mehr tuen. Aber sie
können bleiben.
Mutter: Was soll das heißen. Sie setzt sich
neben Vater und hält seien Hand. Langsam
und noch gleichmäßig piepst es und das EEG
schlägt aus.
Erich: Papa hörts du mich? Vater drückt leicht
die Hand – und es läuft eine Träne über sein
Gesicht. Mutter holt ein weißes Taschentuch
und wischt die Träne ab – reicht das Tuch
Erich.
Mutter: Tue es gut weg! (– und reich ihm die
Hand.)
Langsam hebt und senkt sich der Brustkorb.
Das EEG wird unregelmäßig. Mutter drückt
den Notknopf – und nach ein paar Minuten
erscheint der Arzt. Er blickt auf die
Hirnströme. Es ist aus – ! hören sie: Ein langes
piepen zeigt an, dass auch das Herz nicht mehr
schlägt. Erich ist unheimlich. Erich: Hast du
was gesagt Mutter – oder der Arzt?
Mutter: Nein, das war ein Engel – Vater ist tot.

Erich ist kreidebleich – er steht auf – und geht

kerzengerade aus dem Raum.
Der Umzug ist gemacht und Erich den ersten
Tag in der neuen Schule:

Eine Frau betritt den Kunstraum. Schlank,
groß, einen bunten Sommerrock und hohe,
weiße Stiefel: Ich bin Frau Hanni Knock –
eure Kunstlehrerin. Bleibt alles sitzen. Sie geht
nach vorne.
Knock: Ist Klar – die Lümmel von der letzten
Bank sitzen jetzt auch wieder vorne. Frau
Oster ist eine gute Freundin von mir – das gilt
für die Neuen – von der Mittelschule. Ihr
werdet merken, dass hier ein anderer Wind
weht – hier wird gelernt und gearbeitet.
Erich: Na hoffentlich nicht zu heftig.
Knock: Du musst Erich sein. Komm mal nach
vorne und lies das hier vor. *Gemurmel: Lesen*
können wir selber. Knock: Ihr schon.
Erich: Also – in den ersten vier Wochen, die
Kunst der Steinzeit, dann die der altenÄgypter
mit vorderasiatischer Ärcheologie, dann die
Skulpturen Griechenlands,.... *Gelächter*
Knock: Kannst aufhören. Ich wollte euch nur
demonstrieren, dass es da doch noch ein paar
Unterscheide gibt, zwischen Gymnasiasten
und Wechslern. Aber Erich – ist das eigentlich
Dein richiger Name (?) - dass kannst du mit

Fleiß und dem richtigen Engagement aufholen. Verstehst du? Erich: Nein! Knock: Nein? Du wirst Sehen. Das Erste Referat über die Kunst der Steinzeitmenschen mach Ali – der kann auch nicht gut reden, aber du weist schon mal wie´s geht. Aber dann machst du eines über die vorderasiatsichen, archeologischen Funde in Ägypten. Du gehst in der kleinen Pause in die Bibliothek, dann zeig ich Dir wo da was steht und welcher Bücher du dafür ausleihen darfst.

Erich: Wie bitte? Knock: Das hast du schon verstanden. Und richtig schreiben lernst du hier auch, ich meine nicht nur die großen Zusammenhänge verstehen und erklären – auch die Kleinen, und die Rechtschreibung. Ich will eine fehlerlos ausgearbeitete, zwanzigseitige Schriftform der Referate. Alles lacht. Erich geht zurück auf seinen Platz in der letzten Reihe.

Knock: Und da bleibst du auch nicht sitzen. Hier vorne, bei Vera. Aber nicht abschreiben.

Vera: Sei nicht erschreckt, Erich, die ist halb so schlimm. Die macht immer am Anfang der Schuljahres so eine Welle. Die will Dich nur anfeuern und richtig kennenlernen.

Knock: Vera, schwätz nicht. Ihr holt jetzt alle eure Stichel heraus – und holt euch aus dem

Werkraum eine Platte. Das Erste was wir machen ist ein Stich. Jede zweite Woche ist Theorie – Kunsttechnik und Theorie – und jeder überlegt sich frei ein Motiv, dass er dann seiner Mama zu Weihnachten schenken kann – auch du Erich. Wenn du keinen Stichel hast nimm den. Fangt an! Vera: Na – kapiert. Du musst ihr nur etwas Honig um den Damenbart schmieren. Übrigens ist sie für Komplimente von jungen Männern recht anfällig – ich übrigens auch. Vera legt ihre Hand auf Erichs Oberschenkel und haucht: - du musst Deinen Stichel nur richtig einsetzen, sonst hast du hier keine Freude. Weist du – *dies und das, hab´ mal Freude und mal Spaß.*Erich: Verstanden – aber mir ist heute nicht ganz danach, mein Papa ist gerade erst gestorben.Vera: Oh – das tut mir leid. Willst du reden? Du kannst heute Abend zu mir kommen. Da sind noch Ronnie, Mattes, Sahra, Jenni und Paula - alle ganz lieb. Wenn du nicht reden willst, komm trotzdem – um sieben hinter dem Schwimmbad. Ronnie: Wie heißt der eigentlich weiter? Mats: Erich Schmelz– passt-ja? Erich denkt: Das fängt ja gut an. Die Alte führt mich vor – und will nur Gutes, vielleicht sogar mein Bestes. Vera tascht mir auf die Knie, - und alle sind ganz lieb. Ich kann mir nicht helfen, irgend wie ist

ein Gymnasium wohl ein Gymnasium, ein
Gymnasium, ein Gymnasium,...

Abends bei der Party hat Jenni eine
Helmfrisur, Sahra Teeniezöpfe, Vera einen
französischen Zopf und Paula einen Pettycoat
mit Bubikopf. Die Jungs tragen Bermudas und
Leinenschuhe. Erich eine Röhrenjeans und ein
weißes T-Shirt. Alle haben was mitgebracht
zur Bottelparty, Erich nicht.

Sarah nach einiger Zeit: Komm, was ist mir
Dir? Erich: Seid mein Vater tot ist, ist alles
anders. Mutter ist genervt – und alles bleibt an
mir hängen. Wir können von der Rente kaum
leben. Und für die Bücher und Fahrkarte muss
ich zum Amt. Vera: Lasst mal ihr zwei –
komm wir gehen schwimmen – Klamotten
runter und ab ins kühle Nass. Vera: Wie - du
willst nicht – und schubst Erich in den Pool.

10. Verabschiedung von Schmal beim
Militär. Er sitzt zusammen mit Leander auf der
Stube. Leander: Ich darf es Dir ja nicht sagen,
drum lies mal: Heute wollen sie Dich um
16:00 Uhr verabschieden. Mit Kaffee und
Kuchen, sowie einer kleinen Überraschung, als
Dankeschön für die gute Arbeit zusammen mit
der Mannschaft, den Offizieren des *Korpsstab*
und in der Truppe. Ich will mich anschließen.
Ich hab´vom LdP heute nach der Natopause
zusammen mit Dir frei bekommen – bis 16
Uhr. Dann Fahren wir nach Bonn.Um 10:30
geht Leander zusammen mit Schmal zum
Auto. Sie fahren der B9 entlang nach Bonn.
Um 12:00 fahren sie die Kayserstraße entlang.
Leander hält an: Moment mal. Ich bin gleich
wieder da. Der Leutnant kommt nach etwa
einer ½ Stunde wieder. Gib´mir die Hand und
halt den Mund. Schmal tut es, wie angewiesen
Leander: Gut – alles klar. Zu keinem
Menschen je ein Wort, bis du dein Studium in
der Tasche hast. Noch ist Schmal nicht ganz
klar, was das bedeuten sollte – aber er hat das
Gefühl, er hat einen Freund, der Händedruck
war warm, wie von seinem Vater und Bruder,
sein Herz ist heiß, er will etwas sagen:
Leander: Blubber nicht. Geredet wird erst
wieder, wenn wir im Stab sind.

66

Zurück im Korpsstab:

Meier: Herr Schmal. Sie haben über Monate hier Presse- und Öffentlichkeitsarbeit gemacht – mit durchschlagenden Erfolg – darum haben wir uns entschlossen Ihnen ein Buch zu schenken, Titel: *Der Weg zum Käufer*. Sie haben ja gesagt, sie wollten Marketing studieren. Dazu müssen sie jetzt ins WBK 4. Saarbrücken ist auch eine niedlich Stadt – und ich weiß ihre Verlobte Sahra ist schon da und wartet heute Abend auf Sie. Nehmen Sie unseren Dank mit, Schmal – und: **Abtreten.** Ohne weitere Worte nimmt Schmal das Buch und grüsst: **Melde mich ab**. Er geht zum Bahnhof. Es wird vorerst der letzte Tag sein, an dem er die Uniform trägt. Der D-Zug ins Saarland steht schon auf den Gleis 11 – am Koblenzer Hbf. Schmal setzt sich in eine der sechs Mann oder Frau-Kabinen, schiebt sein grünes Grenadierbarett und die Schulterklappe links, nachdem er die Dienstgradabzeichen abgemacht hat und steckt sie in die Brusttasche rechts. Immer wieder schaut er auf die Zeitmessung. Der Sekundenzeiger der Bahnhofsuhr geht immer weiter. Da kommt eine Frau, blond mit einem kleinen Hund in das Abteil, in dem noch fünf Plätze frei sind. Dame: Darf ich mich setzen? Schmal: Klar!

Schmal schaut etwas verlegen auf das beige
Kostüm und den kurzen Rock, in dem zwei
üppige Oberschenkel erahnbar sind - und
ebenso fest geformten Waden herausschauen,
die in kurzen Schnürstiefel aus braunem
Wildleder stecken. Dame: Wo geht's denn hin,
Soldat? Schmal: Nach Saarbrücken, studieren.
Dame: Was denn? Schmal: Wirtschaft! Dame:
Das gibt es bei uns in Trier auch – und es ist
nur der halbe Weg. Der kleine Pikinese schaut
Schmal treudoof an. Der Zug ruckelt – und
setzt sich langsam in Bewegung. Schmal
schließt die Augen und tut so, als ob er schläft.
Ab und zu blinzelt er auf die Bluse, deren
Knöpfe etwas gespannt sind – und von der
Seite hat er den Blick auf den weißen B.H.
Als der Zug Koblenz verlassen hat, schließt
die Frau die Vorhänge. Schmal blinzelt
weiter. Sie macht das Fenster eine Spalt auf –
und der Wind bläst hinein. Dann dreht sie sich
um und zieht die Weste des Kostüms aus. Sie
stellt den rechten Fuß auf den Aschenbecher
und schnürt die Stieferl auf, zieht ihn über die
Ferse aus. Den linken Stiefel genauso. Dann
zippt sie den Verschluss am Rock des Kostüm
auf, der über ihren Beine nach unter ruscht.
Auch die Bluse köpft sie langsam auf – und
schaut dabei auf Schmal, der blinzelt. Der

Pikinese krurrt Schmal an.Sie stellt den Koffer auf den Sitz und macht ihn auf. Dann holt sie Turnschuhe, eine Jeans und einen grünen Rolli raus und legt fein ordentlich die Kleidungsstücke, die sie gerade ausgezogen hatte, in den Koffer. Langsam presst sie sich in die etwas zu enge Jeans, zieht die Leinenturnschuhe an – dann den Rolli. Aus der Einkaufstüte holt sie eine Wildlederjacke und hängt sie an den Hacken.

Dame: Gut – möchten Sie sie ein Piccolo.

Schmal schlägt die Augen auf.

Schmal: Ja. Rauche Sie?

Dame: Ja – und holt zwei Sektfläschchen, Plastikkelche und eine Zigarettenspitze aus ihrer weißen Handtasche, die sie dann in den Koffer gibt – und diesen wieder schließt. Der Pikinese schleckt den Champus aus seinem Blechnapf.

Dame: Wissen Sie – BWL studiert heute fast jeder. Das sind die Söhne reicher Eltern, die einen Betrieb übernehme sollen, die Jungs, die nichts besseres oder anderes gefunden haben – und die Töchter, die einen abbekommen wollen, der Geld hat oder für sie verdient.

Schmal: Schon klar – aber ich will ja Marketing und Werbung,...

Dame: Das ist nicht viel anders – vielleicht sogar noch schlimmer. Aber sie haben ja Zeit sich an der Uni umzuschauen. Gehen Sie in die Vorlesungen anderer Fächer, reden sie mit den Studienkollegen, den Studenten, Doktoren und Professoren, wenn das geht. Und entscheiden sie sich dann. Das Studium ist schwer – und man sollte was machen, wozu man auch Talent hat.

Schmal: Das ist ein guter Rat. Dame: A votré … , Monsieur. Schmal: Prosit, Madame.

Der Zug fährt in Cochem vorbei und hält. Es steigen einige Soldaten in Uniform aus und rufen: Abgänger: Sie sind betrunken und gröhlen. Drei, vier Mädchen warten am Bahnhof. Als der Zug weiterfährt sieht Schmal ein Pärchen, das sich ausgiebig küsst. Er ist Pionier – und sie mindestens 180cm ohne Schuhe. Die Dame schaut das Pärchen länger an.

Dame: Haben sie eine Freundin?

Schmal: Meine Verlobte studiert im Saarbrücken am Dolmetscher-Institut, schon länger.

Dame: Wie bitte. Ach so, am DI – im Saarbrücken. Was denn?

Schmal: Russisch und Englisch.

Dame: Meine Sie...? Meinen Sie, dass ihnen studieren liegt. Man kann einiges machen, direkt arbeiten, ein Volontariat, eine Lehre – und duale Ausbildung.

Schmal: Ich will es probieren. Studium ist schwer, dauert lange und man weiß nicht, ob man danach einen Job bekommt. Vielleicht ist der Direkteinstieg besser, aber wo bekommt man den schon.

Dame: Das weiß man nicht. Hier haben sie meine Karte. Ich bin Personaldisponentin bei einer Arbeiterverleihfirma. Ich meine nicht, dass sie unmittelbar und anstelle des Studiums bei uns einsteigen sollten, aber in den Semesterferien brauchen wir fähige und willige Leute, das können wir probieren. (Der Zug fährt in Trier ein.) Nun nehmen sie den Schluck. Ich steige jetzt aus. Meine Telefonnummer haben sie, wenn sie arbeiten wollen. Ich würde mich freuen sie in Trier zu sehen – zumindest im Service ist immer was zu machen.

Schmal: Ja – mach´ ich dann.(denkt: Arbeiterverleih, Lohn, Tageslohn, Tagelöhner) Er nickt ein und der Zug fährt noch über eine Stunde nach Saarbrücken, bis an den Hauptbahnhof.

71

Der Schaffner kommt: Morgen! Endstadtion
Saarbrücken Hauptbahnhof. Sie müssen
aussteigen. Schmal packt seine Sachen – und
springt raus auf den Bahnsteig - „Bumm" er
rempelt jemanden an: Aua – sagt Erich.
´tschuldigung sagt Schmal: Erich: Nein –
Achtung! Schmal geht in Grundstellung und
grüßt:

Erich: „Fotze"
Schmal: Eben.
*Erich geht benommen weiter. Schmal im
Laufschritt – oder war es umgekehrt?*

11. Am Bahnhof

Erich nimmt seinen Rucksack, geht auf den Bahnsteig. Die Luft schmeckt nach Kohle und Rauch. Es ist nebelig. Auf dem Weg entlang der Bahnhofsstraße Richtung Burbach sieht er die Baulücken und Bauruinen. Er denkt: Wo bin ich den hier gelandet? Das sieht ja aus wie nach einem Bombenangriff. Es ist stickig – und wo ist Sahra? Sie wollte mich abholen. Aber ich habe ja die Adresse – Richtweg 2, Saarbrücken – auf der anderen Saarseite, Vis á Vis – von Burbach.

Erichs Schritte werden länger und schneller – er setzt sich das grüne Barett auf – und ist im Laufschritt. Vorbei an die Ramschläden, über die Brücke in Richtung Ludwigskirche – über den Platz, Schritt für Schritt – immer weiter. Der Rauch kratz ihm im Hals – er hustet. Er kommt zu dem Hochhaus am Richtweg – läuft den steilen Berg hinauf – an der Türe schellt er. Ein Summen öffent die Türe. Im Treppenhaus ruft Sahra – zweiter Stock rechts. Er nimmt drei Stufen auf einmal – und da steht sie – er umarmt sie – und drückt ihr einen Kuß auf die Stirn.

Sahra: Wie du? Du solltest doch erst morgen Abend kommen.

Erich: Nein, heute – wo warst du?

Sahra: Ich hab´das verpeilt – komm rein.

In der Einzimmerwohnung steht das französischen Bett vor dem Fenster – neben der Tür zum kleinen Balkon. Zwischen Kleiderschrank und Bett nur 20 cm Raum. Die Spiegeltüren des 2m hohen Schrankes gehen nicht ganz auf.

Erich: Wo ist denn dein Schreibtisch?

Sahra: Hab´ keinen. Ich lerne in der Seminarbibliothek.

Erich: Ich bin müde und habe Hunger.

Sahra: Ich hab´nichts da – du solltest ja erst Morgen kommen.

Erich: Ich hab noch ein paar Kekse aus dem EPA.

Sahra: Und ich eine Flasche Wein – und Käse. Sei leise. Da ist er wieder. Unter dem Balkon.

Erich: Quatsch – wer soll da sein?

Sahra: Gestern war schon einer da. Auch vor einer Woche – immer Freitags. Hörst du?

Erich: Ich sehe nichts und höre nichts.

Sahra: Doch da – der Schatten. Erich: Du spinnst!

Salıra: Nein – der war schon auf meinem Balkon – und hat den Topf runter geschmissen – letzte Woche, und da bin ich raus – ich hab ´noch gehört wie der durch die Büsche ist.

Erich: Vielleicht ein Katze – komm, trink einen Schluck.

Erich zieht die Uniform aus und stellt die Knobelbecher neben den Rucksack in die kleine Diele. Dann geht er in die Kochnische – und arrangiert den Käse auf den „Panzerplatten" - öffnet den Wein. Sahra hat das Bettzeug zurück geschlagen und ein Tischdecke auf die Matratze gelegt. Kein Tisch, kein Stuhl. Sie macht das Radio an – Europawelle-Saar mit Manfred Sexauer.

Erich setzt sich zu ihr und sagt: Wir können hier nicht bleiben.

Sahra: Ja – Erich – ich meine auch, das mit uns...

Erich: Die Wohnung ist zu klein.

Sahra: Ich habe jemanden kennen gelernt.

Erich. Hoffentlich mehr als einen, du bist ja schon eine ganze Zeit hier in Saarbrücken.

Sahra: Nein – ich meine...

Erich: Gib´mir mal die Zeitung – da sind Wohnungsangebote. Sieh´ hier – auf dem Eschberg. Drei Zimmer, Küche, Diele, Bad, Abstellraum, Balkon – Danziger Straße. Gib´mir mal das Telefon.

Sahra: Ich hab´kein Telefon.

Erich: Was? Dann stell´ mal den Wecker auf halb` fünf- ich geh´da morgen Früh hin – und dann an die Uni – einschreiben.

Aus den Radio dudelt es: „Dirty Diana...“ -
und Erich legt sich quer aufs Bett.

Sahra: Mach´mal platz.

Erich schläft ein. Und träumt von Diana.

Am nächsten Morgen auf dem Eschberg
klingelt Erich beim Hausmeister des
Hochhauses in der Danziger Straße 5 – wartet
einen Moment – und schaut auf die Namen an
dem Kingelbrett.

Aus der Sprechanlage: Hallo – wer ist da?

Erich: Ich habe in der Zeitung gelesen, dass
Sie hier eine Wohnung zur vermieten haben.

Hausmeister: Moment – ein Summen öffnet
die Tür – und im Gang steht der Kasparek –
und spricht: Kommen Sie – wir nehmen den
Aufzug in den 11. Stock. Die Wohnung gehört
einer alten Dame und ist neu eingerichtet –
etwas bieder. Es sind aber auf der Etage
mehrere Wohnungen frei.

Erich geht in den Aufzug: Das ist eigentlich
egal. Meine Verlobte und ich suchen ein Nest.

Kasparek: Ja – das passt, was machen Sie denn
beruflich?

Erich: Ich bin Student und schreibe für ´ne
Zeitung, demnächst wohl – wenn´s klappt.

Kasparek: Da gibt's hier ja nur eine – die
Saarbrücker Zeitung.

Erich: Nein – da noch nicht – ich komme gerade vom Bund – und muss mich hier erst noch bekannter machen, erstmal einschreiben und bewerben – das mach ich gleich.

Im elften Stock angekommen betritt Erich die Nische des Treppenhauses – von der aus man runter schauen kann – in den Vorhof. Erich: Das ist aber hoch hier.

Der Kasparek schliest die Türe zur Wohnung auf.

Kaparek: Kommen sie rein.

Erich: Das ist ja alles neu hier – aber doch sehr altmodisch.

Kasparek: Ja, die Dame hatte die Wohnung für ihren Freund und sich eingerichtet – für einen romantischen Lebensabend. Aber der wollte dann nicht.

Erich: Mensch Klasse, ein Gästezimmer, ein Schlafzimmer, ein Büro...und hier könnte ich ´ne Dunkelkammer einrichten.

Kasparek: Die Wohnung ist auch gar nicht teuer – wenn sie zu zweit hier einziehen und beide den Vertrag unterschreiben, geht das klar – auch für Studenten. Hier ist der Vertrag, Kaution 1000 Mark.

Erich: Gut – geben Sie mir den Vertrag mit – und meine Verlobte unterschreibt mit.

Erich nimmt den Vertrag – und fährt mit dem

Aufzug runter. Fünf Gehminuten von der Wohnung entfernt ist die Bushaltestelle. Erich nimmt den Bus zur Uni – mit einmal umsteigen. An der Universität geht er zur Mensa. Da sieht er Sahra im Gespräch mit einen jungen Mann.

Erich: Hallo Schatz. Wir nehmen die Wohnung.

Sahra: Hi – das ist Micha.

Micha: Wie bitte?

Sahra: Komm´ wir gehen ins Café.

Erich: Nein – hier hast du den Vertrag – lies ihn durch und unterschreib´. Ich gehe zum Studentensekretariat und schreib mich ein.

Erich reiht sich in die Schlange vor dem Büro für die Inskription ein. Dort sind zwei Schalter. Über dem einen steht: Erstsemester – Inskription. Über dem anderen: Rückmeldung. Erich ist an der Reihe. Sekretär: Haben Sie alles dabei – Abi-Zeugnis, Platzzuweisung von der Zentralstelle, Ausweis...? Erich: Ja – hier! Das ist das Orginalzeugnis – bitte kopieren und zurück.

Sekretär: Das hatte ich doch gerade schonmal? Schau mal hier. Heißen Sie Erich oder Erwin?

Off: Déjà vu?

Sekretär: Das Kommt vor, die Namen sind unterschiedlich und die Bilder, wir nehmen beide.
Sekretär2: Gut – hier unterschreiben, die Matrikelnummer, das Studienbuch mit Ihrem Lichtbild – und herzlichen Glückwunsch Herr Student. Und noch 45 Mark für das Studentenwerk – die Marke.

Sahra: Ich kann es ihm nicht sagen. Der bildet sich ein wir seien ein Paar – und verlobt – seit er mir den Ring angesteckt hat. Wenn der wüsste wie das hier abgeht, würde er nach Trier gehen und Theologie studieren. Aber jetzt ist der hier. Wir müssen uns woanders treffen, Micha :-).
Micha: Mir ist das egal – wenn du das auf die Reihe kriegst. Eschberg, Danziger Straße 5. Da wohnt Tommy – wir können uns in seiner Wohnung treffen – oder bei Dir, wenn der Depp nicht da ist. Nehmt die Wohnung ruhig. Das ist eine gute Gegend – und wir können immer zusammen sein, wann wir wollen. Sahra unterschreib` ruhig. Gut – aber sag´ Erich nichts, soll der Wirtschaft studieren,....

Und auf und ab...und auf und ab geht der Aufzug in der Danziger Straße – und auf und

zu schlägt die Tür – immer wieder, im 11.
Stock – und Erich studiert und Sahra pussiert –
immerzu, immerzu – und wieder auf..und
wieder zu,...Erich kommt in *Mensa-Café – an
dem schönen, sonnigen ...
Oktobertag:*
Erich: Na – Ihr? Micha: Na – schau mal. Da
kommt der Bolzen, mit seinem Gehabe.
Erich: Der Hansi, der ist doch...auch...Micha:
Ja, Ja. Micha pfeift, da kommt der Depp:
„Oben auf dem Berg da lebt jetzt die Lo, die
macht uns alle-le schöön froh,... Hansi
weiter: ...das ist eine Sau, die lebt mit dem
Erich im Fu-u-chs-en-bau. Sahra singt: Holla
die Hie, ja Holla die Ho, Holla die
Hopssassa...Holla die Ho. Erich wieder: Der
Hansi, der ist doch...Micha: Ja, Ja. Da sitzt
auch Schmal. Kennst, du den? Der hat den
Artikel über uns geschrieben. Hansi: Na-
Johny, Hi Schmal,....der Artikel ist ja gut.
Erich, willst du fechten – Ja? Dann komm
heute Abend und spring ein. Couleur
bekommst du auch. Dann kannst du uns alle
kennenlernen. Micha: Einverstanden. Ich sagt
Paul und Norbert, dass sie kommen sollen.
Aber fechten muss der – und dann wieder....
kriegen wir es. Schmal: Ich komme auch,
wenn´s recht ist? Hansi: Ja doch – schreib´s

auf, Johny – weist ja, reden ist silber und schreiben ist Geld, öh – Gold, Gold richtig. Die Schreiberlinge, ein Futzie kommt selten allein. Erich: Mach ich – gerne, sehr gerne, aber wen meint der mit Johny? (Sein Magen knurrt. Das hört Hansi) Hansi: Hast Du Hunger? Leck Salz, dann bekommst Du auch Durst. Besser Du trinkst Kaffee – viel Kaffee, das hält die wach. Und einen Cocktail vor der Party und das Gesöff mir, weil´s Spaß ist, kein Bier vor vier! Take my Honey – Johny! ...money..

12. Auf dem Eschberg, Danziger Straße 5, am Frühstückstisch.

Erich noch im Bett – flüstert Sarah ins Ohr: Wenn du jetzt aufstehst und Frühstück machst, hab´ ich was ganz tolles für Dich. Was ist das wichtigste, der Welt?

Sahra: Geld, Erich – Nur Geld!

Erich: Was? Wie bitte?

Am Frühstückstisch, fein gedeckt mit O-Saft, Brötchen, Kaffee, Marmelade, Wurst, Butter, Hörnchen, Milch, Schinken – und Kakao....und Honig.

Sahra: Weist du, Erich – wir sind zwar schon vier Jahre zusammen, aber so richtig...

Erich: Was ist?

Sahra: Ich bin schon wieder schwanger.

Erich: Komm – hör auf, wir sind beide Studenten und haben kein Geld.

Sahra: Aber ich weiß gar nicht...

Erich: Du weist nicht von wem?

Sahra: Ja.

Erich: Ich kann jetzt kein Kind ernähren.

Erich geht aus der Tür – zu Universität – und schließt in Gedankendie Tür hinter sich ab.

Sahra: Hc – lass´die Tür auf. Scheiße. (denkt: Den Schlüssel hat Micha. Ich muss den Hausmeister anrufen. Ich muss raus, ich hab ´doch gleich den Termin beim Gyn.)

Kasparek am Telefon: Ja – bitte?

Sahra: Mein Freund hat mich eingeschlossen.
Können sie mir die Tür öffnen – und einen
Nachschlüssel mitbringen.

Kasparek: Ja – das kostet 12 Mark – für den
Nachschlüssel. Aber Sie haben doch zwei.

Sahara: Den zweiten finde ich nicht.

Karsparek: Ich komme gleich hoch. Aber das
kostet.

Sahra: Danke, dass ist wirklich dumm von mir.
Ich hab´ die zwölf Mark hier.

Sahra verlässt das Haus und fährt zum
Gyntermin. Im Wartezimmer sind Bilder von
Blumen an der Wand. Es sitzen fünf junge
Mädchen im Zimmer. Sarah hat einen
Walkman auf den Ohren.

Sprechstundenhilfe: Die nächste Bitte. He-
Sie!

Sahra nimmt den Walkman vom Kopf : Bin
ich dran? Ich komme ins Zimmer 2 – oder?

Gyn: Nein hier – zimmer vier. Hallo – um was
geht's denn?

Sahra: Ich bin in der Zwickmühle. Mein
Verlobter und ich sind beide Studenten. Wir
haben kein Geld – und jetzt bin ich schwanger.

Gyn: Das ist kein Problem.

Sahra: Ja, aber – ich liebe ihn nicht.

Gyn: Dann sagen Sie ihm das.

Sahra: Aber, ich wollte gar – nicht mehr mit ihm schlafen.

Gyn: O.K. Vergewaltigung?

Sahra: Ja – und ernähren kann er das Kind dann auch nicht.

Gyn: Und Soziale Indikation – Sie haben kein Geld – und ihre Situation ist asozial. Dann setzten sie sich mal auf den Stuhl hier – und machen die Beine breit. Ich gebe ihnen eine Tablette, und eine Spritze. In eine Stunde ist alles vorbei. Ach ja – 400 Mark.

Sahra: Ja – ich hab´s dabei, das Geld.

Gyn: Schön – stecken sie das mal hier in das Sparschwein. Brauchen Sie eine Quittung?

Sahra: Wie? Nein!

Es dauert dann eine Stunde. Sie fährt mit den Bus in die Danziger Straße und legt sich ins Bett – setzt sich den Walkman auf die Ohren und schläft ein.

Am Abend kommt Erich nach Hause – auf den

Eschberg.

Erich: Sahra? He – was ist denn?
Sahra: Das Problem ist gelöst. Sahra – die dritte!
Erich: Steh´mal auf und schau mir in die Augen. Wie lange kennst du mich?
Sahra: Sechs Jahre.
Erich: Eben. (Es klatscht.) Wir trennen uns.

Erich hat Tränen in den Augen – und verlässt die Wohnung ohne ein weiteres Wort zu sagen.
Am nächsten Morgen sitzt Erich am Tisch des Café Langenfeld am St. Johanner Markt und liest die Wohnungsangebote: 1. Zimmer Dachgeschoß 250 Mark p.M. Auf der Werth 6, Besichtigung erwünscht nach vorheriger telefonsicher Absprache.

Er ruft an. Sie bieten eine kleine Wohnung an: Ja – das ist ein Zimmer mit Toilette und einer Küche neben an, ohne Bad oder Dusche.
Erich: Nehm´ ich. Er fährt zu der Wohnung und mietet ohne Vertrag. In dem Zimmer von sechs Quadratmeter steht ein alter Ölofen, es stinkt nach verbrannten Altöl und die Wohnung ist ein ausgebauter Speicher ohne

Isolierung. Nebenan der Raum mit Spüle und integrierter Kochplatte. Kein Tisch, kein Stuhl, kein Schrank – schon gar kein Bett oder Schreibtisch.

Vermieterin: Passt das? Erich: Das ist in Ordnung. Ich sagte ja schon am Telefon, dass ich die Wohnung will, ich habe eine Couch. Er fährt zurück zum Eschberg und packt seine Sachen – und setzt sich vor den Fernseher.

Nachrichten:
Günter Schabowski hat Gestern auf deiner Pressekonferenz Ost-Berlin die Reisefreiheit der Bürger der DDR mit sofortiger Wirkung genehmigt. Unmittelbar nach Bekanntgabe der Maueröffnung versammelten sich Ost-Berliner an den Grenzübergängen und drängten in Richtung West-Berlin. Die Grenzsoldaten der DDR ließen sich zunächst noch die Ausweise zeigen, dann brachen alle Dämme. Die Menschen stürmten die Mauer klopften mit Hammer und Meißel Stücke aus dem „Antifaschistischen Schutzwall". Auch mit dem Trabbis fahren die Leute in den „Goldenen Westen."

Erich denkt: Alles ändert sich, was mach´ ich

hier bloß, warum bin ich nicht in Berlin? Er fährt zur Universität und setzt sich ins Philosophen-Café- auf dem Campus. Es ist Abend.

Hansi: Hi – Johny – du bis ja ganz bleich.

Johny: Ich hab´ schlecht gefrühstückt, nichts zu Mittag gegessen und außerdem bin ich umgezogen. Hansi: Komm wir gehen in die Mensa. Da gibt es heute Currywurst und Fritten. Lacht. Ich ess´dann noch ´ne Portion.

Johny: Ja – ich komm mit.

In der Mensa zieht sich Erich zwei Essenchips – und steckt einen in die Tasche. Da kommt Norbert.

Norbert: Eiserne Ration was? Was sagt du zum Mauerfall?

Johny: Das war überfällig und hat sich in den letzten Monaten abgezeichnet. Schon seit der Prager Botschaft, als Genschman die Flüchtlingen losgeeist hat.

Hansi wiederholt: „Prager Botschaft", losgeeist!

Norbert: Komm, gleich ist der Einheitskommerz. Hans hat da eine Rede vorbereitet. Wir holen noch Dein Couleur vom Haus – und dann geht's zum Casino am Saarufer, die haben einen großen Saal.

14. Im Casino *das Empfangskommitee:* Hier ist die Garderobe. Legen Sie Ihren Mantel ab. Norbert geht mit Erich zu einem runden Tisch. Hier sitzen Toni, Paul und Werner. Sie nehmen platz.

Werner: Kennen Sie mich?

Erich: Nein.

Peter: Das ist der Universitäts-Professor – unser aller Strukturator, Programmator, Dominator,....

Werner: Ich bin der Marketing-Gott. Haben sie dieses Buch gelesen?

Erich: Ja, teilweise – aber vom Deutschen her?

Werner: Vom Deutschen – ich kann Sie mal deutschen. Kennen Sie diese Dame?

Erich: Ja. Die hat mein Kind umgebracht.

Werner: Macht nichts – es gibt da etwas Schlimmeres.

Erich: Was – schlimmer als Mord?

Werner: Das was Sie getan haben!

Erich:Was denn?

Werner: Denken Sie nur nach.

Erich: Ich bin Christ und glaube an die Macht....

Werner: Eben! (jetzt haben wir Ihn). Sie haben Gott gelästert.

Erich: Wie Sie?

Norbert lcht und singt:..macht nichts, es gibt ja

Schlimmeres – ...und es merkt ja keiner.

Werner: Ziehen Sie das Couleur aus!

Erich: Wie bitte?

Werner: Ausziehen!

Erich: Nein.

Werner: Was wollen Sie hier?

Erich: Feiern, fechten – und Freunde finden – und studieren.

Werner: Da – haben Sie einen Freund (..und deutet auf Peter)

Ziehen Sie das Couleur aus! Erich: Nein! Ich muss zwei Jahre aufholen.

Werner: Sie haben – Sie sind – da sitz´ ich drauf. (lacht laut): Bierskandal!

Werner zu Erich: Sie sollen studieren: Schnell, noch schneller, am Schnellsten. Sie müssen sich beeilen, machen, schreiben,treiben treiben, gehen bleiben -äh...gehe fort, und bleibe nicht am Ort.

Off: *Eile mit Weile – und mit Geduld, es ist des Hetzers eigene Schuld, der den Damen Sinn verdreht und der Herren Seele stiehlt – drum haste nie, das haste nie: Neurastenie.*

Hans beginnt mit seiner Rede:

Wir Burschenschaften waren diejenigen, die immer an der Deutschen Einheit festgehalten haben. Wir wussten, mit der Zeit …...die Rede dauert 10 Minuten. Hans: Nun – lasst uns alle das Lied der Deutschen singen: „Deutschland, Deutschland,....etwa 200 Männer singen aus voller Kehle: ...“über alles in der Welt...*wenn es stets zum Schutz und Trutze, brüderlich zusammen hält, Deutsche Frauen, Deutsche Treue, Deutscher Wein und Deutscher Sang...*bei der dritten Stophe schieben etwa fünf Studenten laut die Stühle zurück: „*Einigkeit, und Recht, und Freiheit,..für das Deutsche Vaterland, danach lasst uns Alle streben, brüderlich mit Herz,...*

Erich denkt: …und Verstand“.

Am Ende des Liedes heben alle Ihr Glas und trinken. Erichs Blick fällt auf einen ganz in schwarz gekleideten, kleinen drahtigen Mann mit Dreispitz. Der Mann blickt Erich mit strengen blauen Augen an – schüttelt leicht den Kopf – und wendet Erich den Rücken zu. Dann geht der Schwarze an den Altherrentisch, sagt zu Paul: „ Mehrbändermann“. Paul: Der ficht morgen seine erste Partei auf unsere Farben. Was denn, Wo denn? Hansi zu Erich: Trink mal das Bier, da ist was Gutes drin.

Erich: Was denn?

Hansi: Hopfen und Malz.

Erich: Gott erhalt´s.

Hans: Was?

15. Nach der Partie *in Fitnessstudio*
Bodypoint, Abends:
Hansi: Hier der Beitrag. Keine Ahnung,
warum ich das abdrücken muss.
Sportleiter: Sie müssen nicht.
Erich: Das tut Dir gut.
Hansi: Was denn?
Erich: Sport. Sport lenkt Dich etwas vom
Studium ab und macht Dich fit für´s fechten.
Hansi: Ich hab´schon alle Partien. Ist das deine
Flasche.?
Erich: Ja. Erich geht zum Butterfly – und
blinzelt. Er sieht Hansi mit eine Pipette an
der Flasche.
Erich: Was machst du da?
Hansi: Nichts, nur Gutes.
Hansi geht zu seinem Getränk und trinkt die
Flasche aus. Er sagt: Es ist gut, wenn man
Freude hat, denen man vertrauen kann. Auch
Erich trinkt an der Flasche.
Hansi: Ja – denke nur.. Und wenn du einen
treuen Freund brauchst, dann kauf dir einen
Hund.
Erich; Wie? Die kleine Polin aus dem
Englischkurs, du weist Sommeruni, die ist
heute Abend zum Essen bei mir in der neuen
Wohnung.
Hansi: Was? Die hat einen Knackarsch – und

gut was in der Bluse.

Erich: Die ist erst 19 Jahre. Ich weiß gar nicht, wie die schon Abi und Vordiplom haben kann.

Hansi: In Polen geht sowas.

Erich: Die ist mit dem Erasmus-Programm hier – und studiert Erziehungswissenschaft.

Hansi lacht: Und Sowas. Du kannst Dir denken was die will, ´nen deutschen Studenten, der für sie anschafft. Die sieht nicht danach aus, als ob sie sonst was auf dem Kasten hat. Weist du wo sieht wohnt? Erich: Nein. Hansi: Ich kenn´ die. Die hat eine Souterainwohnung bei einem Alten Herren.

Erich: Das ist doch o.k. - und außerdem ist die nicht doof, spricht akzentfrei Deutsch und Spansich – und Englisch kann sie auch schon.

Hansi: Ja – klar, und Französich.

Erich geht nach Hause und kauft noch ein paar Kleinigkeiten ein: Weintrauben, Pute, Weißwein, Sekt – Dreikornbrot. Er deckt den Tisch mit einem Bettuch – weil die Decke in der Wäsche ist.

Pünktlich um 20:00 Uhr klingelt es an der Tür.

Erich: Hallo Magda. Komm rein. Magda: Du wohnst abcr weit von der Uni weg. Hast du kein Auto. Erich: Nein. Schau hier, ich habe es uns etwas nett gemacht, sagt er und zündet die Kerze an. Magda: Was für eine Mühe. Ich müsste mal auf Toilette.

Erich: Ja, gleich da. Magda: Was braucht ein Junge Hautcreme? Wohnst du alleine hier alleine? Erich: Ja – Prost.

Magda: Ach Erich. Das Foto wollte ich Dir zeigen. Das war mein Freund. Der wollte mich vor drei Monaten, als ich gerade hier angekommen bin, besuchen. Auf der Autobahn ist er eingeschlafen – und dann in die Leitplanke. Er ist tot. Magda schluchzt und legt ihren Kopf an Erich Schulter.

Erich: Das tut mir Leid.

Magda: Mir auch. Ich bin noch gar nicht bereit für irgendwas Neues. Du bist wirklich lieb. Aber ich hänge noch so sehr an Piotr. Er war Mechaniker – und hat bei uns zu Hause einiges repariert. Bist du auch handwerklich begabt? Erich: Verstehe ich nicht ganz. Was meinst du. Ne´ Birne reindrehen kann ich schon. Magda: Ja – komm doch Morgen zu mir ins Wohnheim. Bei mir leckt der Abfluss und außerdem ist der Boiler zu heiß. Erich: Wie – Morgen bei Dir? Abfluss leckt, der Boiler ist zu heiß? Ja – aber gerne, ich kann ja einen Engländer mitbringen. Magda: Nein komm bitte alleine. Erich: Das ist eine Art verstellbarer Schraubenschlüssel. Komm lass uns essen. Erich legt die gebratene Putenbrust auf den Teller – mit dem Brot und füllt die Weißweingläser. Beide Schweigen. Nach eine Weile sagt Erich: Magda, ich geh mir mal die Hände waschen – als er wiederkommt hat Magda den Sekt nachgeschüttet und liegt auf dem Bett, dass quer im Zimmer, vor dem großen Spiele steht. Komm, sagt Magda. Erich nimmt sein Glas Sekt und setzt sich zu Ihr auf Bett, schaut sie lange an, denkt (irgendwie ist mir schwindelig) Erich: Weist du – wohnst du nicht zur Untermiete? Magda: Nein – ich meine Ja – ich hab´ da noch ein Zimmer, wo ich meine Putzstelle habe. Aber mein Studienzimmer ist im Wohnheim, da unten an der Saar. Erich legt seine Hand auf Magdas Bein. Magda: Nein, Nein – lass bitte. Ich kann das noch nicht.

Erich will sie Küssen. Sie lacht närrisch – und sagt: Nein, ich bin nicht sauber heute. Du verstehst?

Erich: Ja klar – Morgen wohl auch noch nicht.

Am nächsten Mittag sitzen Hansi, Norbert und Erich in der Mensa.

Hansi: Schau – da ist Dein polnisches Mädchen.
Erich: Nicht meines. Magda Kommt zu ihrem Tisch.
Hansi: Na Schätzchen! Magda: Halt den Mund.
Erich: Ihr kennt euch wohl näher: Hansi lacht: Nein länger.
Magda: Nein – auch nicht länger als du, äh – als Dich.
Erich: Also doch. (denkt: Da stimmt wohl wirklich was nicht.)
Hansi summt: Es feiert sich, es feiert sich , es feiert sich so schön, man muss es nur versteh ´n, mit Weibern um zu gehn. Norbert schaut ins leere.
Erich: Heute Abend bin ich bei ihr.
Hansi: Lass Dich nicht von dem Alten erwischen.
Erich: Nein, im Studentenwohnheim, ´ne Birne einschrauben.
Hansi: Ja mach das mal – da freuen wir uns. Birne Helene.
Erich: Und der Abfluss leckt. Hansi: Ja der, aber besser nicht du.

Abends nach der Uni geht Erich zum Studentenwohnheim.
Beim Pförtner fragt er: Kennst du Magda.
Pförtner: Ja – die ist zu Hause. Zimmer 208.
Erich geht durch das ungefegte Treppenhaus, hier liegt einiges auf dem Boden. Leere Bierdosen, Etiketten, Kronenkorken – der Boden klebt. Am Zimmer 208 angekommem kolpft er. Magda macht die Türe auf. Hi Hansi, (enttäuscht) - ach´ja Erich: Komm´rein.
...Schraubenschlüssel dabei?
Erich etwas gereitzt: Ja klar – immer am Mann.
Magda: Dann schau mal unter der Spüle, da ist es ganz Nass. Erich schiebt den Vorhang unter der Spüle zurück und sagt: Der Schraubenschlüssel passt nicht.

Magda: Ja – wenn der Schraubenschlüssel nicht passt, dann überhitzt der Boiler.
Erich: Ja – wenn du den auch auf sechs stehen hast. Ich stellt den mal auf drei.
Er lässt Wasser laufen. Siehst du, der Boiler ist ein Durchlauferhitzer – und nun ist das Wasser nicht mehr zu heiß. Magda: Lass mal fühlen. (Nach einem Moment). Willst du was trinken?
Erich: Nein - lass´ uns an die Saar gehen und nimm eine Decke mit.

Magda: Warum? Erich: Wegen der lauen Sommernacht. Wir können uns es etwas schön machen. Nach ein paar Minuten gehen sie los. Beim Türken um die Ecke kauft Erich eine Schaale Erdbeeren. Erich: Steigert den Libido. Magda: Das brauch´ ich nicht – und das kann ich jetzt gar nicht gebrauchen. Schau mal über der Saar – da sind Nebelschwaden. Erich: Komm wir legen uns an die Saar – und essen die Erdbeeren. Magda: Meinst du, dass nützt was (?) – ich bin ganz traurig. Sie liegen eine Weile. Erich zieht Magda zu sich rüber.

Magda lacht närrisch – und sagt: Glaubst du nicht an Deine Bestimmung.

Erich: Bestimmung? Bestimmt nicht! Ich weiß schon selbst was ich will.

Magda: Ja? Was denn? (lacht närrisch)

Erich: Ich will jetzt endlich...

Magda: Sei ruhig, da ist jemand.

Erich: Neiiiiiiin!

Magda: Doch!

Im Hintergrund hört Erich wie jemand Etwas wie eine Vase zerschmeißt und Geld klimpert.

Erich: Ich glaub, ich hab´s jetzt. Komm lass die Decke liegen. Ich weiß noch ein nettes Lokal.

Am St Johanner Mark – **in der Fröschengasse.**

Von draußen hören Sie die spanischen Combo
singen: Bandolero, Badoleros,...
Magda: Hier?
Erich: Ja – da komm ich auf etwas andere
Gedanken.
Magda: Woran denkst du denn immer.
Erich: Magda, das fragst du mich? Ich weiß
auch nicht.
Magda:An mich? Erich: Oh Gott!
Magda: Bist du nicht christlich?
Erich: Doch, er möge mir helfen! Erich trink
ein Glas Lambrusco nach dem anderen.
Magda: Du bist schon ganz betrunken.
Erich: Ja – ich will was vergessen, damit ich
nicht immer daran denken muss:
Magda: Mich? Erich: Nejjjjjjjjn.
Magda: Olé!

In den folgenden Wochen ist Erich hin und
hergerissen. Er hat kaum Geld. Studium,
Hansi, Magda, fechten, Kneipe, Seminar,
Zeitung, Sport...schreiben, lesen, hören,
denken? Er sitzt an der Saar und beobachtet
die Leute, die vorüber flanieren. Er fühlt sich
gehctzt, kann sich nicht mehr konzentrieren.
Die Autos brummen morgens Früh schon um
vier vor seiner Wohnung. Erich trinkt viel, ißt
wenig, das Wasser schmeckt modrig. Die

Wohnung ist unaufgeräumt, die Musik laut,
das licht brennt. Er liegt im Bett – die
Gedanken schwirren unmotiviert, Ideenfetzen.
Er findet keinen Schlaf, ist nervös und gereizt.
Will studieren, macht schnell, schneller, ...
trinkt Kaffee und Bier, geht in die Vorlesung
und in die Mensa, kann nicht mehr ruhig
sitzen,....

16. An einem anderen Morgen an der Uni:

Toni zu Hansi: Da kommt Erich. Ich glaub´es ist soweit. Hansi: Na, Herr Erich Dampf, wie schaut´s? Genug Arbeit? Was macht die Schreiberei?
Erich: Ich kann nicht mehr. Ich bin kaputt, ausgebrannt.
Hansi: Nein – du Wirrkopf, du Schizo. Ich weiß was ist. Komm wir fahren zu Dr. Elloj, der ist,... kann Dir noch einen verpassen, öh, verschreiben... ich meine der kann dir helfen. Ich nicht.
Toni: Das ist auch gar nicht schlimm.
Hansi packt Erich an dem Arm und schleift ihn zum Auto, alle drei, Hansi, Toni und Erich fahren zum Arzt. Erich: Für wen ist was nicht schlimm? Hansi: Na – Timeout für Dich? Hier ist Dr. Elloj.
Elloj: Hallo Hans, für wen war eigentlich das Serum?
Hansi: Ja – hier - für den Wirrkopf.
Elloj: Idiot, das war falsch. Jetzt ist höchste Zeit.
Hansi: Ja – der driftet ab.
Elloj: Ich ruf an – der bekommt ´ne Pause.
Hansi: Der, nein – ich!
Elloj. Fährst du ihn – oder soll ich einen

Wagen holen. Ich kontrolliere das!

Erich: Ich will Heim.

Hansi: Ja genau! Ins Heim.

Erich: Nein Heim. Nach Hause!

Elloj: Wehe! Hansi fährt Richtung Klinik und sagt: Hier Mister Unkown, last Exit. Nach Hause - telefonieren?

Toni: Nicht Winterberg. Elloj sagte Sonnenberg.

Hansi schaut in den Spiegel, ein Mercedes mit Blaulicht aber ohne Signal überholt Hansi´-Auto. Die Scheibe geht runter. Es schaut ein Beifahrer aus dem Fenster und schüttelt den Kopf.

Hansi: Was soll´den dass jetzt?

Toni: Ich glaub´die haben was dagegen.

Hansi: Warum denn, die hat den doch gar nicht rangelassen – oder was?

Toni: Ich glaub´ genau darum – oder wie?

Hansi und Toni bringen Erich in die Aufnahme. Hier ist Nobody.

Rezeptionist: Sind sie freiwillig hier? Hansi: Nein – der ist verrückt. Der demoliert. Der hat am Thriller das Haus ramponiert, eine Kette abmontiert. Rezeptionist: An dem Haus am Thriller? Hansi: Ja – der ist gemeingefährlich. Wegsperren!Rezeptionist: Sind Sie freiwillig hier?

Hansi: Nein – eingewiesen!

Rezeptionsit: Sie nicht! Sind Sie freiwilllig hier?

Erich: Ja – können sie mir helfen?

Rezeptionist: Ja – kommen sie rein.

In der Klinik stehen für weiß gekleidete Männer um Erich: Einer sagt: Trinken sie dass, das macht sie müde und sie schlafen. Das brauchen Sie jetzt. Erich trinkt und sackt zusammen. Etwa drei Tage später steht Hansi vor seinem Bett – Erich blinzelt.

Hansi: Los auf! Erich steht auf.

Pfleger: Was machen Si da. Legen sie sich bitte wieder hin – und Si raus hier – und lassen sie sich nicht mehr sehen.

Nach einer Woche wechselt Erich die Station:

In der Klinik Sonnenberg sagt der Arzt: Kommen Sie. Sie hatten da einiges im Blut – auch Alkohol. Wir haben sie entgiftet. Sie bleiben noch drei Wochen hier. Dann studieren sie weiter. Wir kennen das! Sie bleiben! Sie bekommen eine Kur!

Nach vier Wochen steht Erich im Haus der Ghibellinen vor Paul und Hansi: Mensch, du bist ja ganz dicklich geworden, sagt Hansi – lacht und sagt zu Peter: ganz ihren Wünschen entsprechend, Sahra.

Paul: Erich, das tut mir leid und streichelt Erich über die Wange. Komm mit in den Kneipsaal. Dort sitzen ganz andere Gesichter.

Paul setzt sich neben Erich und flüstert ihm in Ohr: Komm, trink das, da ist was Gutes für dich drin.

Erich: Das hab´ich schon mal gehört.

Paul: Doch Doch, trink. Erich nimmt einen tiefen Schluck.

Der Senior ruft: Nun zum sechsten Cantus des heutigen Abends – dem Burschenschafterlied: *Vaterland, du Land der Ehre, stolze Frau mit freier Stirn, Deinen Fuß benutzen Meere, Deine Scheitel krönt der Firn,...*

Hansi steht auf und ohrfeigt sich selbst.

Paul zu Erich: Was – nein. Tritt bitte aus.

Erich steht auf und geht aufs Klo. Dort sind schwar-rot-goldene Kacheln, kommt wieder und sagt zu Paul: Gut – ich war pinkeln.

Paul: Nein – ich meinte...

Erich: Ich weiß....Nein ich bleibe, auch wenn ich anders schreibe, weil ich gesagt habe, was ich gesagt habe!

Off: Bursch! Unterstützungsbursch!!

Erich: Ich will mich jetzt mehr um meine Familie kümmern

Off: Gut – das ist richtig.

103

Erich singt das Bruschenschafterlied mit und
weiter: „Was wir schwuren sei gehalten,
treulich bis zur letzten Ruh, hört´s ihr Jungen,
hört´s ihr Alten, Gott im Himmel, hör´auch du.

17. Übergeben

Toni: Komm, Deutschland ist Weltmeister geworden.

Erich: Jetzt gehen wir in die Stadt, weil... wir sind Weltmeister, ...weil wir Weltmeister sind?

Erich trägt ein Doppelband. Toni: – ist gut – ich ruf das Taxi. Beide steigen ein und fahren los.

Auf den St. Johanner Markt sind hunderte Menschen, die jubeln – alles in Schwarz-Rot-Gold.

Erich: Deutschlaaand, Deutschlaaand,...

Toni: Komm, wir gehen in den Irisch-Pub, da ist Life-Musik.

Erich: „Life is Life ...“

Sie gehen über den Markt, vor bei am Sudhaus zum Irisch Pub. Alles grölt: Deutschlaa...nd, Deustchlaa...nd,....Erich bestellt – ein Klikenny.

Toni: Guiness für mich. Beide trinken.

Erich spührt wie jemand ihm von hinten den Knopf Band öffnet und abzieht. Toni schaut. Dort steht wohl ein Franke in Couleur und beobachtet. Toni geht, und denkt:...das war der Franke nicht...und ich nicht,...und der nicht...

105

Eine Frau greift von vorne an den Zipfel von
Erich – und zieht ihn ab.

Sie sagt: *No – he is a stupid. We want Hans.*
He is a right man – and strong, fresh from the
fight, he did me long hard and right.
Es geht zurück hinter die Theke und fragt
Erich: Ja?? ...another Killkenny?
Erich trinkt, kurz danach verliert er das
Bewusstsein und bricht zusammen....
Nach Stunden wacht er auf. Er steht auf der
Westspangenbrücke über der Saar...und...denkt
noch:...Studium ist schwer...und kotzt in die
Saar...Schmal hinter Ihm und sagt: Eben.
Übergeben!

106

Eben,
übergeben:

Das Lebensband -
vom Vaterland.
Heben,
den Pokal,
nicht für Hyäne und Schakal:
für den Landesvater!

Den weißen Saft der Reben,
- der Alma Mater.
Nicht Jedem, nicht Jenem:
Ist es gegeben.
Hoch zu leben,
zu Sphären der Sinn,
bei des Höchsten Wesen,
dort wo der Liebe Geister sind.

Wer mag da noch tröpfeln,
will Einfalt mehr schöpfeln,
so vergeht mit dem Übermaß,
wenn Nichts ist inne, wie nur Schaum im Glas,
und was die Substanz zersetzet,
wer auf diese Weise hetzet,
über den Durst das Herz verletzet -
Korpus, Geist und Seel´ zermetzelt,
mit Gier und Neid regieret,

zerteilet das Tuch - ... .
Doch nicht verlieret,
was des Lebens ist!
Und nicht verteilet,
euch erleidet – wie beeilet
ereilet.
was beeidet...
...vereitelt!?

Seht das Licht,
das die Facette zerbricht,
und mit Geist und Fug,
erhälst Du genug,...
durch das Leben zurück:

Das Ewige!

108
Notizen:

Herstellung und Verlag:
BoD-Books on Demand, Norderstedt
ISBN: 978-3-7386-0648-5